유쾌하고 스마트한 생각들

리더의 아침을 깨우는 인문학 산책

리더의 아침을 깨우는 인문학 산책

발행일   2022년 01월 26일

지은이   오세열
펴낸이   손형국
펴낸곳   (주)북랩
편집인   선일영   편집   정두철, 배진용, 김현아, 박준, 장하영
디자인   이현수, 김민하, 허지혜, 안유경, 최성경   제작   박기성, 황동현, 구성우, 권태련
마케팅   김회란, 박진관
출판등록   2004. 12. 1(제2012-000051호)
주소   서울특별시 금천구 가산디지털 1로 168, 우림라이온스밸리 B동 B113~114호, C동 B101호
홈페이지   www.book.co.kr
전화번호   (02)2026-5777   팩스   (02)2026-5747

ISBN   979-11-6836-140-9 03300 (종이책)   979-11-6836-141-6 05300 (전자책)

(주)북랩 성공출판의 파트너

북랩 홈페이지와 패밀리 사이트에서 다양한 출판 솔루션을 만나 보세요!

홈페이지 book.co.kr   •   **블로그** blog.naver.com/essaybook   •   **출판문의** book@book.co.kr

---

작가 연락처 문의 ▶ ask.book.co.kr

작가 연락처는 개인정보이므로 북랩에서 알려드릴 수 없습니다.

유쾌하고 스마트한 생각들

리더의 아침을 깨우는
인문학 산책

오세열 지음

북랩 book Lab

서문

　세계화시대를 살고 있는 우리는 더 빨라진 교통수단과 컴퓨터, 기능이 날마다 혁신되는 스마트폰, 그리고 페이스북, 트위터, 월드와이드웹(WWW) 등으로 인해 시간과 공간을 초월하여 지구 반대편 사람과 시시각각 소통하며 편리함과 삶의 풍성함을 누리고 있다. 하지만 끊임없는 기술혁신의 결과로 인해 발생하는 역작용도 만만치 않다. 문명의 이기는 부메랑이 되어 인류에게 족쇄로 다가온다. 끝없이 이어지는 팬데믹 바이러스의 공격으로 백신조차 믿을 수 없게 되었다. 한국의 초중고 및 대학은 입시 위주의 연역적 교육에 치중하다 보니 글쓰기, 책 읽기, 그리고 토론에 취약한 학생들을 양산하고 있다. 이러한 교육현실을 보고 역사학자 래리 큐번은 "마치 바다 밑은 전혀 동요하지 않고 퇴적물이 쌓여 있는데 수면에서만 거센 파도가 치는 대양의 허리케인과 같다"고 지적했다. 사색의 긍정적인 에너지(Solitude power)를 활성화하는 자는 내면으로부터 샘솟는 광채와 창의적인 에너지를 갖게 된다. 21세기형 아름다운 인간은 사색형 인간이다. IQ는 언어적 지능과 수학적 지능만으로 구성되어 있지만 하버드대학의 가드너 교수는 인간에게 8가지 지능이 있다고 했다. 언어와 수학적 지능 외에도 음악, 공간, 신체운동, 친화, 자기성찰, 그리고 자연친화 지능이 그것이다. 무지개가 일곱 색깔을 가지는 것처럼 인간은 여덟 가지 다양한 지능을 가지고 있다. 누구나 이러한 8기통 엔진을 가지고 태어난다. 다만 사람마다 각 지능의 높낮이만 차이가 있을 따름이다. 자신만의 지능을 계발해나가자.

번뜩이는 아이디어는 어디서 오는가? 동서고금의 역사에서 무엇을 깨닫는가? 삶의 현장에서 매일 직면하는 두려움을 어떻게 극복할까? 인문학적 소양은 어떻게 함양하는가? 이러한 네 가지 주제를 가지고 사고의 폭을 넓혀가고자 책을 집필하게 되었다.

목차

Ⅱ. 역사탐방

Ⅲ. 삶의 역경을 두려워 말자

IV. 인문학 깨우기

I

번뜩이는 아이디어

시장에 유통되는 상품이나 서비스의 이름을 어떻게 붙이냐(naming)에 따라 정보가 전달하는 이미지가 달라진다. 좋은 네이밍은 어떻게 만들어지는가? 후추열매 같은 식물 하나가 세계사를 움직였다는 사실을 아는가? 인간의 삶 가운데 엄습해오는 두려움은 항상 현대인을 곁에서 위협하고 있다. 구글에서 phobia list를 치면 A에서 Z까지 수천 개의 두려움 리스트가 나온다. 프랭클린 루스벨트 전 미국 대통령은 "우리가 두려워해야 할 대상은 두려움 그 자체다"라고 말했다. 우리의 적은 두려움이지, 위험이 아니다. 어떻게 두려움을 극복해야 하는가? 카알라일은 "선택은 순간에 이루어지지만 그 결과는 영원하다"라고 말했다. 알프스산 정상에 떨어지는 물방울이 어떤 방향으로 떨어지느냐에 따라 그 물방울의 운명은 크게 달라진다. 며칠이 지나면 서로 수천 킬로미터 떨어진 북해와 흑해와 지중해의 바닷물이 된다. 하찮은 물방울 하나도 현재의 작은 차이와 결단이 나중에는 돌이킬 수 없는 큰 차이와 결과를 가져오는 것을 볼 수 있다. 인생의 갈림길에서 우리는 어떻게 참된 선택을 할 수 있을까?

1. 이름 짓기

조선시대 한양으로 과거 보러 가는 영남 유생들에게 가장 빠른 지름길은 경상도 김천과 충청도 영동을 이어주는 추풍령을 넘어가는 것이다. 그러나 "추풍령을 넘어가면 추풍낙엽처럼 낙방할 것이요, 괘방령을 넘으면 고갯마루에 방 붙듯 급제한다"라는 속설이 있어 영남 유생들은 추풍령을 피하고 반드시 괘방령을 넘었다.

또한 죽령을 넘으면 죽죽 미끄러진다는 속설로 인해 이 고개 대신 고생을 무릅쓰고 문경새재를 넘었다. 죽령은 경상도 풍기와 충청도 단양을 이어주는 고개로 영주, 삼척, 울진 등의 지역에서 상경할 때 이 고개를 넘어가면 가장 빠르게 한양에 도착한다.

그러나 문경은 '경사스런 소식을 듣는다'는 뜻이 있어서 멀리 돌아가는 한이 있더라도 죽령을 마다하고 이 고개를 선호했다. 심지어 이 고개를 넘어갈 필요가 없는 호남 유생들까지 굳이 시간과 경비를 들여서라도 문경새재로 발길을 돌렸다고 한다.

리더의 아침을 깨우는 인문학 산책

문경새재

고려 공민왕이 홍건적에 쫓겨서 안동으로 몽진(蒙塵, 머리에 먼지를 뒤집어씀. 임금이 난리를 만나 궁궐 밖으로 몸을 피함)갔을 때 고려군이 홍건적을 격퇴했다는 기쁜 소식을 이 새재를 통해 처음 듣게 되면서 이 고개를 문경새재라 칭했다.

어떤 대상에 이름을 붙이는 것을 네이밍(naming)이라고 한다. 이름을 붙이는 대상이 누구냐에 따라 그 의미와 전하는 목적이 달라진다. 갓 태어난 아기에게 이름을 붙일 때 부모는 그 아기에게 바라는 바를 이름에 포함시키게 된다. 그러나 기업의 상호나 상품 또는 서비스의 네이밍인 경우 그 성격은 전혀 달라진다.

시장에 유통되는 상품이나 서비스의 이름은 그 정보가 전달하는 이미지를 고객이나 사회에 전달하는 기능을 한다. 상품과 서비스의 네이밍은 기업의 이미지를 공고히 하고 자신만의 정체성을 구축하는 기능을 한다.

아기 이름과 상품명 네이밍의 차이

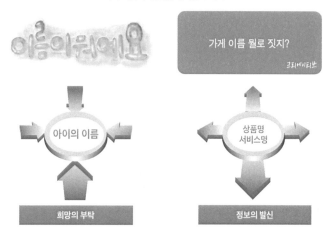

기아자동차의 승합차 봉고는 아프리카 봉고 대통령이 한국을 방문했을 때, 기아자동차가 이를 기념해 지은 이름이다. 그후 크게 히트를 쳤고 승합차의 고유명사로 사용되기까지 했다. 봉고는 기아자동차를 살아나게 한 효자상품이 되었다. 또한 대우건설의 아파트 네이밍으로서 푸르지오(PRUGIO)는 깨끗함, 싱그러움, 산뜻함을 나타내는 푸르다와 대지, 공간을 뜻하는

리더의 아침을 깨우는 인문학 산책

지오(GEO)의 합성어로서 자연, 환경, 인간이 하나가 되는 생활 공간을 컨셉으로 하고 있다.

네이밍이 잘 되었는지 평가하는 항목은 다음의 세 가지이다.

첫째, 상품의 기능 혹은 특성을 잘 나타내고 다른 상품명과 차별화가 되어야 한다. 둘째, 말하기 쉽고 기억하기 좋아야 한다. 예를 들어 yahoo는 정보를 분야별로 친절하게 안내해주는 데이터베이스를 의미한다. 개성이 뚜렷하고 이해하기 쉽다. 셋째, 유행이나 시대의 변화에 영향을 받지 않고 나쁜 단어를 연상시키지 않아야 한다. 예를 들어 CALPIS는 piss가 오줌을 뜻하기 때문에 나쁜 단어를 연상하게 한다. MOS 버거는 이끼(moss)를, 회사명 TOTO는 머릿이(totoa)를, 템포가 빠른 음악의 네이밍인 JIVE는 마리화나를 연상하게 하므로 좋은 네이밍이 아니다.

한편 각국 언어가 가지는 의미를 네이밍에 활용할 수 있다. 그리스어는 독특하고 개성 있는 모양과 인상적인 음감으로 특정 상품과 서비스의 이미지를 표현하기에 적합하다. 제록스, 오메가, 시그마, 파이 등을 들 수 있다.

프랑스어는 우아하고 세련된 이미지를 보여준다. 랑데부, 앙코르, 메뉴, 데뷔, 시네마, 뚜레쥬르, 라피네 등이 있다.

라틴어는 아카데믹한 이미지를 드러내는데, 아우디 등을 들
수 있다.

독일어는 높은 기술과 신뢰의 이미지를 보여준다. 폭스바겐,
벤츠, 포르쉐 등이 있다.

각국 언어를 이용한 네이밍

▶ 그리스어 네이밍 : 독특한 문자와 인상적인 음감
　XEROX(제록스) : 복사기　　　Ω(오메가) : 시계
　Σ(시그마) : 학습참고서　　　　φ(파이) : 안약

▶ 프랑스어 네이밍 : 우아하고 세련된 이미지
　랑데뷰, 앙코르, 데뷔, 시네마, 메뉴 등
　TOUS LES JOURS(뚜레쥬르) : 제과점
　LUCIDE(루시드), RAFINE(라피네) : 화장품

▶ 라틴어 네이밍 : 아카데믹한 이미지
　AUDI(아우디) : 자동차

▶ 독일어 네이밍 : 높은 기술과 신뢰의 이미지
　VORKSWAGEN(폭스바겐), BENZ(벤츠),
　PORSCHE(포르쉐) : 자동차

독특한 네이밍 기법으로써 회문과 거꾸로 읽기 방법은 독창
성과 우아함을 가져다준다. 회문은 좌우 어느 쪽부터 읽어도
단어의 배열이 똑같은 네이밍으로, 시각적인 아름다움과 안정
성을 느끼게 한다. 회문의 예를 들면 CIVIC 시빅(승용차), ESSE
엣세(잡지), WOWOW 와우와우(위성방송), ALIVILA 알리비라
(별장), XELEX 세렉스(금호타이어)등이 있다.

그리고 거꾸로 읽기에 의한 네이밍은 거꾸로 읽었을 때 그 의미를 파악할 수 있는 효과를 가진다. 그 예로서 KLIM, milk(캐나다산 우유), REVLIS, silver(노인 상품), NABRUD, Durban(신사복 브랜드)등을 들 수 있다.

인터넷 브랜드 네이밍의 대원칙은 보통명사를 사용해서는 안 되며, 고유명사로 브랜드를 만드는 것이다. 맥도날드, 버거킹, 롯데리아 등이 그 예다. 전 세계에서 가치 순위별 인터넷 브랜드를 보면 코카콜라, 마이크로소프트, 삼성, 인텔, 노키아 등이 모두 고유명사이고, 보통명사는 하나도 포함되지 않았다.

인터넷 네이밍 법칙은 첫째, 짧아야 하고 단순해야 한다. 총 글자 수보다 사용된 알파벳 수가 적을수록 단순함이 더해진다. 예를 들어 Coca-Cola는 총 글자 수는 8개인데 사용된 알파벳 수는 4개이므로 좋은 네이밍이다. 반면 Pepsi-Cola는 글자 수는 9개인데 알파벳 수가 8개이다. 따라서 코카콜라는 펩시콜라보다 더 좋은 네이밍이다. 둘째, 해당 분야를 암시해야 하고 독특해야 한다. 어떤 이름이든 개성이 있고 독특하면 기억하기가 쉽다. 셋째, 말하기 쉽고 충격적이어야 한다. 충격적이면 사람의 마음속에 새겨지는 정도가 깊어진다. 인터넷 네이밍의 경우 뭔가 자극할 수 있는 요소가 있어야 한다. 넷째, 사람과 관련이 있어야 한다. 창업자의 이름을 네이밍에 활용하면 브랜드의 광고 효과는 배가될 것이다. 예를 들어 포드(Ford), 크라이슬러(Chrysler), 캐딜락(Cadilac) 등은 창업주의 이름을 인터넷 네이밍에 활용하여 성공한 사례이다.

영어 알파벳 26자와 한글 24자를 사용하여 인간의 희로애락 감정을 표현하고, 삼라만상의 모습을 묘사할 수 있다는 사실은 놀랍다. 그리고 불과 7가지 음계로 모든 아름다운 음악을 만들어 삶에 활력을 불어넣을 수 있다는 사실도 기적이다.

알파벳 26자 가운데 가장 신뢰와 믿음을 주는 세 철자는 A·O·X이다. 상호나 브랜드명을 지을 때 A·O·X를 마지막에 첨가하면 훌륭한 네이밍이 된다. 단어의 끝에 A·O·X를 붙이면 의외로 핵심 가치를 간결하게 전달하는 효과가 있을 뿐 아니라 발음하기 편하고 시각적으로 신뢰감을 더해준다. 특히 영어 알파벳에서 사용 빈도가 가장 낮은 X를 사용하게 되면 신선함과 견고함을 더해준다.

예를 들어 레몬보다는 A를 첨가하여 레모나로 읽으면 말하고 듣고 기억하기 쉽다. 또한 아시안항공이나 코리안호텔보다는 마지막에 A를 붙여서 아시아나항공이나 코리아나호텔로 발음하는 것이 사람들의 마음에 선명한 인상을 준다. 한국거래소(Korean Exchange)는 이전에 KRE로 이니셜을 표기했다가 A·O·X 네이밍에 따라 KRX로 변경했다. A·O·X 방법은 제품이나 상표의 특징을 추출하여 그것을 영어 단어로 옮기고 그 뒤에 A나 O, 혹은 X를 붙이는 것이다. 한국고속철도(KT+X), 한국형 차세대 전투기(KF+X: Korean Fighter eXperimental), 포스코(POSC+O), 지오다노(GIORDAN+O), 코엑스(COE+X), 메가박스(MEGABO+X), 푸르지오(PRUGI+O) 등은 훌륭한 네이밍이 된다.

A·O·X 네이밍

기업 브랜드는 소비자로부터 기억하기 쉽고, 발음할 때 부정적인 이미지가 연상되지 않으며, 제품의 특성을 보여주는 네이밍이 좋은 평가를 받는다. 지펠(Zipel), 밀키스(Milkiss), 푸르지오(Prugio)는 모두 네이밍 자체에서 그 기업이 다루는 업종에 대한 특성을 찾아낼 수 있고 발음하기가 쉬우며 부정적인 이미지가 연상되지 않는다.

상호명을 네이밍할 때 중요한 것은 가게의 특성을 살리는 데 키워드를 두어야 한다. 강조점을 어디에 두느냐에 따라 시선을 끄는 상호, 우리말 이름, 정감이 느껴지는 상호, 우리말 상호 등으로 구분할 수 있다.

좋은 네이밍 사례 - 상호명

시선을 끄는 상호	어머니가 차려주신 밥상 : 한정식집 진짜루 : 중국집 민들레영토 : 커피숍 총각네 야채가게 : 채소가게
우리말 이름	해맑은 공부방 별밭 어린이집 새빛 누리회
정감이 느껴지는 상호	솔아 솔아 푸른 솔아 : 개량한복집 질경이 : 개량한복 브랜드 사진 속 아이들 : 사진관
우리말 상호	깔아놓은 멍석 놀고 간들 어떠하리 : 인사동 두레박과 함지박 : 인사동 사랑은 구름을 비로 내리고 : 관훈동 섬마을 밀밭집 : 광화문 구르믈버서난달처럼 : 인사동

출처 : 최카피의 네이밍 법칙, 최병광, 두앤비컨텐츠, 2005, pp.118~119.

리더의 아침을 깨우는 인문학 산책

유교의 기본 사상인 仁義禮智信이 깃들도록 보신각을 중심으로 한양의 4대문 이름을 흥仁지문, 돈義문, 숭禮문, 흥智문, 보信각으로 지었다.

한성 사대문 네이밍 사례

유교의 나라 조선 :
仁義禮智信에 의한 네이밍

홍지문(弘智門)

돈의문(敦義門)   보신각(普信閣)   흥인지문(興仁之門)

숭례문(崇禮門)

영향력 있는 사람의 이름은 전 세계로 퍼져나간다. 그 예로서 존(John)과 유럽의 군주 샤를마뉴를 들 수 있다. 성경에 나오는 세례 요한(John Baptist)은 예수가 탄생하기 전 광야에 거주하며 길을 예비하러 온 선지자였다. 그 후 요한이란 이름의 어원은 전 세계로 퍼져나가 각 나라에서 사용되었다.

미국의 존(John), 프랑스는 쟝(Jean), 이탈리아에서는 조바니(Giovanni), 스페인은 후안(Juan), 포르투갈은 주앙(Joao), 노르웨이와 스웨덴에서는 얀(Jan), 러시아에서는 이반(Ivan), 독일에서는 요하네스(Johannes) 등의 어원이 세례 요한에서 유래되었다. "여자가 낳은 자 중에 요한보다 큰 자가 없도다(눅 7:28)"라는 성경말씀이 성취되었다.

좋은 네이밍 사례 - 사람

기독교문화의 영향은 사람의 이름에도 나타나 있다.
성경 신약에 나오는 세례 요한(John The Baptist)은 예수가 탄생하기 전 광야에서 길을 예비하러 온 선지자였다. 그 후 요한이란 이름은 전 세계로 퍼져나가 각 나라의 이름의 어원이 되었다.

미국 → 존(John)	프랑스 → 쟝(Jean)
이탈리아 → 조바니(Giovanni)	스페인 → 후안(Juan)
포르투갈 → 주앙(Joao)	노르웨이, 스웨덴 → 얀(Jan)
러시아 → 이반(Ivan)	독일 → 요하네스(Johannes)

리더의 아침을 깨우는 인문학 산책

한편 로마가 멸망한 후 유럽을 재통일한 샤를마뉴 군주는 재위 기간 동안 바깥으로는 광활한 영토를 정복하고, 내부적으로 화폐개혁과 행정개혁을 이루었다. 또한 문자체를 발명하고 피뢰네 산맥을 넘어 침략해오는 이슬람군을 패퇴시킴으로써 유럽의 각 나라로부터 왕중왕으로 추앙받았다. 각 나라들은 그가 자기 나라의 조상이라고 주장하며 샤를마뉴를 자국의 이름으로 바꾸어 불렀다.

샤를마뉴 군주

프랑스는 샤를(Charles)대제로, 독일은 칼(Karl)대제, 영국은 찰스(Charles)대제, 스페인은 카를로스(Charlos)대제로 불렀다. 이와 같이 영향력 있는 사람의 이름은 나라와 국경을 초월하여 사용된다. 그러나 하나님의 이름만큼 지대한 영향력을 인류 역사에 남긴 사람은 없다.

우리는 어린 시절 친구들이나 가족이 붙여준 별명을 적어도 하나씩 가지고 있다. 그러나 하나님은 모든 것을 아시고(omni-scient), 능력이 무한하시며(omni-potent), 무소부재하시기(omni-present) 때문에 그 이름도 무려 서른두 개가 된다. 성경에는 적재적소에 이러한 하나님의 이름들이 나온다. 여호와(Jehovah)란 이름은 "스스로 있는 자(출 3:14)"의 뜻을 가진다.

① 여호와 닛시(Jehovah-Nissi)

　- 하나님은 승리의 깃발이 되시는 분(출 17:15)

② 여호와 엘 로힘(Jehovah-Elohim)

　- 창조주 하나님(창 1:1)

③ 여호와 엘 로이(Jehovah-El Roi)

　- 감찰하시는 하나님(창 16:13)

④ 여호와 엘 샤다이(Jehovah-El Shaddai)

　- 능력을 베푸시는 하나님(눅 1:29)

⑤ 여호와 엘 올람(Jehovah-El Olam)

  - 하나님은 영원하신 분(창 21:33)

⑥ 여호와 나함(Jehovah-Naham)

  - 하나님은 위로하시는 분(고후 7:6)

⑦ 여호와 엘 칸나(Jehovah-El Kanna)

  - 하나님은 질투하시는 분(신 4:23)

⑧ 여호와 치드케뉴(Jehovah-Tsidkenu)

  - 우리의 의가 되시는 하나님(렘 23:6)

⑨ 여호와 이레(Jehovah-Jireh)

  - 하나님은 예비하시는 분(창 22:14)

⑩ 여호와 엘 엘리온(Jehovah-El Elyon)

  - 하나님은 가장 높으신 분(사 57:15)

⑪ 여호와 삼마(Jehovah-Samma)

  - 하나님은 어디든지 계시는 분(겔 48:35)

⑫ 여호와 챈(Jehovah-Chen)

  - 하나님은 은혜 주시는 분(갈 1:3)

⑬ 여호와 카도쉬(Jehovah-Kadesh)

  - 하나님은 거룩하게 하시는 분(히 2:11)

⑭ 여호와 샬롬(Jehovah-Shalom)

  - 평강의 하나님(삿 6:24)

⑮ 여호와 멜렉(Jehovah-Melek)

　　- 우리의 왕이신 하나님(시 145:1)

⑯ 여호와 라파(Jehovah-Rapha)

　　- 치료자이신 하나님(출 15:26)

⑰ 여호와 알룹(Jehovah-Al lup)

　　- 하나님은 부드러운 분(겔 36:26)

⑱ 여호와 라아(Jehovah-Raah)

　　- 우리의 목자이신 하나님(시 23:1)

⑲ 여호와 체바오트(Jehova-Sebaot)

　　- 능력이신 하나님(삼상 1:3)

⑳ 여호와 추리(Jehova-Tsuri)

　　- 우리의 반석이신 하나님(삼하 22:2)

㉑ 여호와 아도나이(Jehovah-Adonai)

　　- 삶의 주인이신 하나님(골 4:1)

㉒ 여호와 임마누엘(Jehovah-Immanuel)

　　- 우리와 함께하시는 하나님(마 1:23)

㉓ 여호와 암모스(Jehovah-Amnos)

　　- 하나님은 용서하시는 분(시 99:8)

㉔ 여호와 자오 히도르(Jehovah-Zao Hydor)

　　- 생명수이신 하나님(요계 22:1)

㉕ 여호와 포스(Jehovah-Phos)

  - 빛이신 하나님(시 27:1)

㉖ 여호와 프뉴마(Jehovah-Pneuma)

  - 거룩한 영이신 하나님(고전 6:11)

㉗ 여호와 아가페(Jehovah-Agape)

  - 사랑이신 하나님(요1 4:16; 4:8)

㉘ 여호와 하사(Jehovah-Hasah)

  - 하나님은 침묵하시는 분(시 83:1)

㉙ 여호와 사바옷(Jehovah-Sabaoth)

  - 만군의 주(시 24:10)

㉚ 여호와 마코데쉬킴(Jehovah-Maqodeshkim)

  - 우리를 거룩하게 하는 주(출 31:13, 레 20:8)

㉛ 여호와 나케(Jehovah-Nakeh)

  - 우리를 벌하시는 하나님(겔 7:9)

㉜ 여호와 엘 게물로트(Jehovah-El Gemola)

  - 보복의 하나님(렘 51:56)

이렇게 많은 이름을 가진 사람을 본 적이 있는가? 하나님은
인격의 충만성과 완전성으로 인해 모든 호칭을 다 가져도 오히
려 부족하다. 예수님도 그 이름이 다양하게 불리우고 있다. 생

명의 떡, 생수, 길, 진리, 생명, 부활, 선한 목자, 포도나무, 계명성, 하나님의 어린 양, 샤론의 장미, 골짜기의 백합화, 문(door) 등이다.

구약성경에서도 장차 오실 예수님을 다양하게 부르고 있다. "그의 이름은 기묘자라, 모사라, 전능하신 하나님이라, 영존하시는 아버지라, 평강의 왕이라 할 것임이라(사 9:6)." 이 모든 이름은 그리스도의 본성을 보여주고 있다.

2. 최후의 만찬, 가롯유다는 어디에 있을까

최후의 만찬

　서양에서 13이란 숫자는 불길한 숫자로 여겨지며 13 공포증 문화가 형성돼 있다. 이는 레오나르도 다빈치가 그린 최후의 만찬에서 예수를 판 가롯유다가 예수와 11제자 다음으로 열세 번째로 참석한 사실에 기인한다. 미국 고층 건물에는 13층이 없는 곳이 80%이고 공항에는 13번 게이트가 없다. 병원과 호텔에는 13호실이 없다. 이탈리아 피렌체 건물 주소에는 12와

14사이에 13을 생략하고 12.5를 넣는다. 기독교를 믿지 않는 사람들도 13을 불길한 숫자로 여긴다.

1년 12개월, 12궁도, 올림포스의 12신 등 예부터 12라는 숫자가 완전수로 여겨져왔다. 사람들은 12보다 큰 13을 완전함을 초월하는 숫자로 여겨 불안하게 생각했다.

축구나 야구, 농구선수의 13번 등번호가 없는 것도 이에 기인한다. 13일이 금요일과 겹치면 나쁜 일이 생긴다는 소위 '13일의 금요일'이라는 영화와 미신까지 생겨났다. 그러나 13이 불길하다는 과학적 증거는 없다.

레오나르도 다빈치의 최후의 만찬 그림에서 가롯유다는 어디에 앉아 있을까?

다빈치는 최후의 만찬을 그릴 때 열두 제자들을 세 사람씩 네 그룹으로 나누어 구도를 정했다. 각자는 독특한 몸짓과 표정으로 서로 결합되어 있다. 다빈치는 유다를 그릴 때 특별히 다른 제자와 구별되는 두 가지 특징을 강조했다. 유다의 머리 위치가 12제자 중 가장 낮으며 얼굴의 표정은 어둡고 검게 표현되어 있다.

이 두 가지를 염두에 두고 그림을 관찰하면 가롯유다가 누구인지 금세 알 수 있을 것이다. 우리가 믿는 좋으신 하나님은 자신의 죄를 자복하고 회개하면 저는 미쁘시고 의로우사 우리의 모든 죄를 사하시고 용서해주신다. 그러나 성경은 죄의 사함을 받지 못하고 죽은 가룟유다에 대한 상세한 기록을 남기고 있다.

그림의 왼쪽부터 12제자의 순서는 바로톨로메오, 세베대의 큰아들 야고보, 안드레아, 베드로, 가룟유다, 요한, 예수, 알패오의 아들 야고보, 도마, 빌립보, 마태, 다대오의 유다, 시몬의 순이다. 다빈치는 예수가 식사 전 너희 중 하나가 나를 배반하여 팔리라고 선언하자 12제자들이 음식을 먹는 것을 잊은 채 충격에 빠져 있는 모습을 그리고 있다.

바로톨로메오는 왼쪽 끝에서 식탁에 두 손을 짚고 서 있다. 요한의 형, 세베대의 큰아들 야고보는 팔을 펴서 베드로의 어깨에 손을 대고 있다. 베드로의 동생 안드레아는 가룟유다 뒤에서 열 손가락을 펴서 놀라움을 표시하고 있다. 두 손바닥을 들어 보이며 마치 자신에게서 무엇인가를 멀리하려는 듯 행동하고 있다.

성질이 급한 베드로는 요한의 어깨를 잡고 누가 배신자인지 물어보려는 듯 일어서고 있는데, 베드로의 오른손에 식사 때쓰는 칼을 쥔 채 앞에 있는 유다의 옆구리를 본의 아니게 건드리자 유다는 놀라 팔꿈치를 식탁에 대고 있다. 유다만이 앞으로 일어날 일에 대한 사정을 다 알고 있다.

요한은 예수의 오른쪽에 앉아 식탁 위에 손을 가지런히 놓고 베드로의 이야기를 듣고 있다. 유일하게 순교하지 않고 요한계시록을 기록했다. 예수는 주위의 흥분에 휩싸이지 않고 평온한 표정을 짓고 있다. 알패오의 아들 야고보는 예수의 왼편에 앉아서 양쪽 팔을 벌리고 비극을 예상한 듯한 모습을 보이고 있다.

의심 많은 도마는 야고보 뒤에서 검지로 자기 머리를 가리키며 설마 나는 아닐 거라는 표정을 보이고 있다. 빌립보는 매우 슬퍼하는 얼굴 모습으로 가슴에 두 손을 모으고 자신의 순결을 나타내고 있다.

마태의 경우 얼굴은 두 동료에게 돌리고 두 손은 예수 쪽으로 뻗은 채 믿을 수 없다는 모습이다. 다대오의 유다는 갑작스런 사태를 믿을 수 없다는 표정으로 한 손을 식탁에 대고 있다. 제일 오른쪽의 시몬은 준엄한 표정을 짓고 있다.

왼쪽부터 바로톨로메오, 세베대의 큰아들 야고보, 안드레아, 베드로, 가롯유다, 요한, 예수, 알패오의 아들 야고보, 도마, 빌립보, 마태, 다대오의 유다, 시몬의 순서다.

성경을 읽으면서 궁금증을 더하는 것은 성경에 기록되지 않은 부분이 엄청나게 많다는 사실이다. 예를 들면 아담과 이브는 낙원에서 추방된 후 어떤 삶을 살았을까, 가룟유다의 생애는 어떤 것인가, 예루살렘은 어떻게 로마에 의해 최후를 맞았는가 등이 그것이다.

그래서 요한복음 21장 25절을 보면 "예수께서 행하신 일이 이외에도 많으니 만일 낱낱이 기록된다면 이 세상이라도 이 기록된 책을 두기에 부족할 줄 아노라"라고 말씀하고 있다. 다행인 것은 역사에 정사와 야사가 있듯이, 요세프스와 같은 역사가가 저술한 『유대전쟁사』를 보면 로마 디도 장군에 의해 예루살렘이 어떻게 철저히 망하게 되었는지를 알 수 있다.

마찬가지로 중세 유럽에서 가장 많이 읽혀졌던 『황금전설』 또는 『황금성인전』이란 책에는 성경에 나타나지 않은 가룟유다의 생애를 자세히 설명하고 있다. 저자는 제노바의 대주교 보라지네(1228~1298)로 전해진다. 유다의 부모는 유다가 자신의 민족에게 불행을 가져올 것이라는 예언 때문에 유다가 어렸을 때 그를 버렸다.

버림받은 유다는 카리오트 해변에서 어느 왕비에게 발견되었다. 후손이 없던 이 왕비는 유다를 친자식처럼 여겼다. 그러나 왕비는 나중에 친아들을 낳게 되었다. 어느 날 유다는 질투심에 사로잡혀 배다른 형제인 그 아들을 살해하고 예루살렘으로 도주했다.

유다는 12제자 중 유일하게 갈릴리 사람이 아니었다. 예루살렘에서 유다는 빌라도의 신임을 얻게 된다. 빌라도는 유다에게 어느 집에 들어가 주인을 살해하도록 사주했다. 유다가 이를 성공적으로 수행하자 그 포상으로 빌라도는 유다에게 어느 나이 많은 과부를 아내로 맺어준다.

과부와 살면서 유다는 자신이 죽인 사람이 친아버지였다는 사실과 자신이 친어머니와 결혼했다는 사실을 알게 된다. 자신이 저지른 범죄의 진상을 알게 된 유다는 참회하면서 새로운 예언자 예수에게로 도망쳐 제자가 되었다.

베다니의 나병환자 집에서 마리아는 예수의 발에 비싼 향유를 붓고 자신의 머리털로 그 발을 닦았다. 그때 유다는 마리아에게 왜 이 향유를 3백 데나리온에 팔아 가난한 자들에게 주지 않느냐며 나무랐다. 그러나 실은 유다는 회계를 맡으며 돈을 빼돌리는 도적이었다.

유다는 도적의 본성을 드러내 결국 은화 서른 닢에 예수를 팔아넘기고, 허공에 매달려 비참한 최후를 맞이했다. 가롯유다의 생애를 보면 예수를 팔아넘긴 그의 행위가 우연이나 일시적인 충동에 의한 것이 아니라 그가 반복해서 저지른 악한 행위에서 나왔다는 것을 알 수 있다.

3. 대형 참사와 하인리히 법칙

  허버트 하인리히(Herbert Heinrich)는 『산업재해 예방: 과학적 접근』이란 저서에서 산업현장의 재해를 분석한 후 자신의 이름을 딴 '하인리히 법칙'을 만들었다. 이 경험 법칙에 의하면 큰 재해로 인해 중상자가 한 명 발생하는 경우 그 사고 이전에 이와 유사한 작은 재난으로 인한 경상자가 약 29명 발생한 사실이 있었을 것이라 한다. 그리고 동일한 원인에서 야기된 사소한 증상들로 인해 잠재적 부상자가 약 300여 명 있었다는 것이다. 즉, 하인리히 법칙은 사고로부터 발생하는 중상자 수가 1명이면 경상자는 약 29명에 이르고, 다시 잠재적 부상자는 300여 명에 달한다는 법칙이다. 이것을 일반화하면 대형사고와 작은 재해, 그리고 사소한 사고 관련 증상의 발생비율은 1:29:300이다.

  이 법칙에 따르면 어떤 큰 재해도 우연히 발생하는 법이 없으며 그 이전에 유사한 소형사고가 수십 차례 발생했을 것을 짐작케 한다. 또한 소형사고 하나하나는 그 보다 더 사소한 징후가 수백 번 발생한 결과이다. 사고와 징후가 발생할 때마다 별다른 조치를 취하지 않고 지나가면 돌이킬 수 없는 대형사고로 이어진다는 교훈을 준다. 삼풍백화점 붕괴 사고에 대한 조사결과를 보면 하인리히 법칙이 들어맞는다는 사실을 알 수 있다.

삼풍백화점 붕괴 사고

사고가 있기 전 붕괴의 조짐이 수십 차례 보고되었지만 이를 방치했다. 붕괴 10일 전부터 5층 식당가의 벽에 균열이 생겼고 천장에 금이 가기 시작했다. 전기가 자주 끊겼으며 매장에서는 물벼락이 떨어지는 등 붕괴 징조를 보였다. 특히 하루

리더의 아침을 깨우는 인문학 산책

전에는 식당가 바닥에 거대한 싱크홀이 발생하고 옥상 바닥이 내려앉았다. 또한 붕괴 당일 옥상의 대형 물탱크를 무리하게 이리저리 움직인 결과 하중을 못 이기고 오백여 명의 목숨을 앗아간 대형 재해로 치달았다. 역사적으로 볼 때 이러한 사고는 얼마든지 찾아볼 수 있다. 9·11 테러, 타이타닉호 침몰 사고, 성수대교 붕괴 사고, 우주왕복선 챌린저호와 컬럼비아호 폭발 사고 등은 사전에 많은 사고 징후가 포착되었음에도 이를 방치한 결과였다. 하인리히 법칙이 그대로 맞아들어갔다.

항공기 사고도 예외일 수 없다. 대부분 항공기가 사고 없이 안전하게 운항되지만 종종 대형 참사 사건이 발생한다. 미국은 매년 경영 분야의 탁월한 대가들을 순위별로 발표한다. 세계적인 베스트셀러 작가인 말콤 글래드웰은 이 랭킹에서 항상 톱 10 안에 드는 경영 구루(guru)이다. 그는 『아웃라이어(Outlier)』라는 저서에서 1997년 8월 6일 새벽 1시경, 서울 김포국제공항을 떠나 괌으로 가던 대한항공 801편이 괌에 착륙하기 전 공항 앞 니미츠 힐(Nimitz hill) 언덕 밀림 지대에 추락한 슬픈 이야기를 상세하게 기술하고 있다. 탑승객 254명 가운데 228명이 사망한 역사상 최악의 참사를 무려 50페이지를 할애하여 기록하고 있다. 괌 참사의 공식적인 사고 원인은 착륙유도장치

고장으로 인한 혼란과 조종 미숙에 있었다. 그러나 말콤 글래드웰은 이 저서에서 참사 원인을 우리나라 사람들만이 가진 고유한 인적 오류에서 찾기 위해 기장의 사고 전날 하루 일과를 분석하고 있다.

1997년 8월 5일 새벽, 대한항공 801편 기장은 잠에서 깨어나 5시경 집을 나와 가까운 체육관으로 향한다. 1시간가량 배드민턴 회원들과 운동을 한다. 집으로 돌아와 샤워한 후 그날 밤 괌으로 향하는 비행 계획을 검토한다. 점심식사를 하고 휴식을 취한 후 오후 3시경 승용차를 몰고 서울을 빠져나와 김포공항으로 향한다. 그는 공군 소령으로 제대 후 대한항공에 입사하여 4년간 9,800시간의 비행 기록을 가지고 있다. 그중 3,200시간에 해당하는 점보기 운항 실적이 있다. 42살인 기장은 현재 기관지염 외에는 건강에 이상이 없다. 오늘 운항하게 될 보잉747기는 한때 대통령 전용기로도 사용된 적이 있다. 신혼부부(217명)들을 가득 태운 보잉747기는 밤 10시 30분 김포국제공항 활주로 게이트를 출발하여 20분 후 이륙하였다. 3시간을 비행하여 새벽 1시 30분경 괌 상공에 도착했다.

기장은 지금까지 8번의 괌 비행 경험을 가지고 있었다. 억수같이 폭우가 내리는 가운데 비행기는 랜딩기어를 내리고 고도를 서서히 낮췄다. 악천후로 인해 활주로가 육안으로 보이지

리더의 아침을 깨우는 인문학 산책

않았다. 이때 비행기가 지상과 근접해 있다는 위험신호인 충돌 부저가 울리기 시작했다. 얼마 후 비행기는 니미츠 힐에 추락 했다.

대한항공 801편 괌 추락 사고 잔해

사망자는 대부분 인생의 첫출발을 하는 신혼부부들이었다. 일요일 전국 각지에서 친지들로부터 축하를 받으며 결혼식을 마치고 괌으로 신혼여행을 떠났던 이들이 인생의 첫발을 내디 딘 그날에 참사를 당했으니 이보다 더 슬픈 이야기는 없을 것 이다.

서구인과 한국인 사이에는 대화 문화의 차이가 있다. 한국인은 모호한 말을 해도 듣는 자가 스스로 해석해서 이해해야 한다. 완곡어법(mitigated speech)은 한국 사회에 퍼져 있는 대화 문화다. 조종실 내에서 부기장은 기장의 명령을 어길 수 없고 공손히 따라야 한다. 장유유서의 유교 문화 전통은 상사나 선임자가 하는 말에 이의를 제기하거나 반박할 수 없다. 부기장은 사고 당시 날씨가 아주 안 좋은 상태에서 기장의 주의를 환기시켜야 했다. 그러나 그 상황을 완곡어법으로 말했고, 기장은 이를 대수롭지 않게 받아넘긴 결과 돌이킬 수 없는 참사를 가져왔다.

비행기가 추락하기 전 이를 감지한 부기장은 "착륙 포기합시다(Go Around)"를 반복해서 말했다. 그러나 마지막 충돌 부저가 울렸을 때에야 비로소 기장의 입에서 "Go Around"가 나왔다. 그때는 이미 늦었다. 기장이 명백하게 잘못하고 있다고 판단될 때는 부기장이 독단으로라도 조종권을 인수하여 위기를 모면하도록 평소 교육을 받는다. 하지만 801편에서는 이런 절차가 제대로 이루어지지 않았다. 사고 당일 새벽, 괌에는 억수같은 소나기가 내리고 있었다. 생존자들에 의하면 사고 여객기가 부산 상공을 지날 때부터 천둥번개와 비바람이 치는 악천후가 시작되었고 그 후 기체가 심각하게 흔들리는 등 정상적인 운항이 힘든 상태였다. 기내식 서비스를 하는 도중 기체가 심

리더의 아침을 깨우는 인문학 산책

하게 흔들려 식사 서비스를 중단했다고 한다. 부기장은 이상 징후를 알았지만 **권위에 눌린 언어 습관** 때문에 직설적이고 강력한 어조로 기장에게 비상사태를 알리지 못했다.

9·11 테러의 경우 아랍권에서 커져가는 반미 정서로 인해 테러 조직들이 점점 조직적이 되고 강력해지는데도 이를 과소평가한 미국 정부는 전혀 손을 쓰지 않았다. 거기에다가 그동안 방치되어온 미흡한 보안 규정에 대한 개선이 이루어지지 않았다.

테러 두 달 전 이탈리아 제노바에서 열리는 선진국정상회담(G8)에서 이슬람 과격파 조직이 비행기로 회의장에 돌진해 부시 대통령을 비롯한 각국 정상들을 살해하려 한다는 정보를 미국 정보당국이 입수했지만 이를 방관했다. 사건 한 달 전에는 오사마 빈라덴이 이끄는 미국 내 200명 규모의 테러 조직이 유명 건축물을 파괴하려 한다는 정보를 파악하고도 이를 무시하여 결국 9·11 테러 대참사가 발생했다.

타이타닉호 침몰의 경우 출항 오전부터 빙산이 돌아다닌다는 위험한 소식이 선박 사이의 무선통신으로 경고되고 있었으며 타이타닉호는 적어도 6통의 경고를 통신으로 받았다. 그러나 북대서양 항해에서는 자주 있는 일이라고 여겨서 경고를 무시한 결과 최악의 선박 참사가 발생했다.

이와 같이 모든 대형사고의 경우 하인리히 법칙이 적용되고 있다.

4. 향료 '후추'가 세계사의 흐름을 바꾸었다

돼지고기를 넣고 푹 끓인 국밥 한 그릇에 송송 썰어넣은 파와 김치, 그리고 잊어서는 안 되는 것이 한 가지 더 있다. 국밥의 돼지고기 냄새를 없애주고 특유의 향으로 식욕을 자극하는 후추가 그것이다. 『징비록(懲毖錄)』에 보면 우리나라 사람들이 얼마나 후추를 선호했고 귀중히 여겼는지 알 수 있다.

후추열매

선조 때 조선에 온 일본 사신은 후추를 이용하여 그들의 침략 야욕을 시험했다. 사신을 맞이한 조선은 주연을 베풀었다. 술잔이 돌고 흥취가 무르익자 갑자기 일본 사신은 통후추를 꺼내어 술좌석에 마구 뿌려댔다.

그러자 자리를 같이하던 조선의 벼슬아치, 거문고를 타던 악공, 춤추고 노래하던 기생 할 것 없이 서로 다투어 통후추를 줍기 시작하였다. 이를 본 일본 사신은 관리들의 규율이 이렇듯 문란하니 이 땅을 침략하기란 매우 쉬운 일이라 생각하고 침략의 야심을 굳혔다고 한다.

후추가 귀한 향신료인 것은 알겠는데, 과연 세계사의 흐름을 바꿀 만큼 중요한 역할을 했을까. 그 역사를 거슬러 올라가보자.

유럽 대륙은 서늘하고 건조한 기후 덕에 주로 볏과 식물이 자라는 드넓은 초원이 펼쳐져 있다. 볏과 식물의 줄기와 잎은 인간의 식량으로는 적합하지 않고 단지 초식동물의 먹이로만 적합하다. 그래서 유럽인들은 소, 돼지, 양 등의 초식동물을 기르고 다 자란 동물의 고기를 식량으로 삼았다.

이런 배경에서 초식동물을 가축으로 기르게 되는 축산업이 유럽에서 발전하게 되었다. 그런데 추운 겨울에는 가축을 먹일 먹이를 구하기 어렵기 때문에 추위가 닥치기 전 최소한의 가축만 남기고 가축을 도살해 고기로 만들었다. 냉장 기술이 없기 때문에 고기는 부패하기 쉽다. 어쩔 수 없이 소금에 절이거나 말리는 등 온갖 방법을 동원하지만 금세 노린내가 나고 부패될 수밖에 없었다.

강한 향과 독특한 매운맛을 가진 후추가 고기의 노린내를 없애주고 풍부한 고기 맛을 제공한다는 사실을 알게 되자 유럽인들은 후추에 열광하게 되었다. 당시 유럽에서는 기후 여건 때문에 후추를 재배하기 어려웠다. 그 결과 후추 가격은 천정부지로 상승했고 비잔틴 제국으로부터 비싼 가격으로 수입한 후추는 귀족들의 차지가 되었다.

그러던 중 이슬람에게 비잔틴 제국이 무너지자 후추를 구하기가 더욱 어려워졌고, 통후추 한 알의 가격이 같은 무게의 금 가격과 같아지게 되었다. 그러자 유럽인들은 직접 후추의 원산지인 인도에서 향신료를 가져올 방법을 찾기 시작했다. 스페인의 이사벨라 여왕의 지원을 받은 콜럼버스가 인도를 찾아 항해를 시작하게 된 것도 후추를 구하기 위해서였다.

당시에는 지구가 둥글다는 사실을 믿지 못하던 시기였으므로 선박들이 유럽의 해안가에서 서쪽으로 항해하는 것을 두려워했다. 하지만 콜럼버스는 마르코 폴로의 『동방견문록』을 읽고 마르코 폴로가 200년 전 육로로 여행한 길을 해로로 나서게 되었다. 그러나 인도를 목적지로 항해를 시작한 콜럼버스가 1492년 10월 12일 막상 도착한 곳은 아메리카 대륙이었고 그는 그곳에서 후추를 찾지 못했다.

콜럼버스는 이곳을 인도의 일부라고 생각하고 원주민을 인디언이라 칭하였다. 이에 질세라 포르투갈도 지중해 바깥의 넓은 바다로 진출하기 시작했다. 마침내 바스쿠 다가마가 아프리카 남단의 희망봉에 도달했고 대서양에서 인도양으로 가는 뱃길을 열게 되었다.

1498년 포르투갈 선단이 인도의 고아(도시 이름)에 입항하는 데 성공했고, 향신료를 잔뜩 싣고 리스본으로 돌아왔다. 향신료 무역은 포르투갈이 독점하게 되었고 '후추를 얻는 자 세계를 얻는다'라고 할 정도로 후추의 인기는 하늘을 찔렀다.

당시 세계 최강국이었던 포르투갈과 스페인은 후추를 정복하기 위해 치열한 패권 다툼을 했다. 두 나라 간 분쟁과 반목이 심화되자 가톨릭 교황이 중재에 나섰다. 교황은 대서양의 서경 46도 37분을 경계선으로 하여 동쪽에서 새로 탐험한 땅은 포르투갈령으로, 서쪽은 스페인령으로 삼기로 했다.

그 결과 포르투갈은 아프리카를 손에 넣게 되었고, 스페인은 아메리카 대륙을 지배하게 되었다. 이후 네덜란드가 동인도

리더의 아침을 깨우는 인문학 산책

회사를 설립해 후추의 천국 인도와 인도네시아에 진출하였고, 포르투갈과 스페인을 제치고 향료 무역을 독점하게 되었다. 이와 같이 후추라는 향신료를 중심으로 세계사의 흐름이 재편되었음을 알 수 있다.

5. 세계화와 불확실성

트루먼 전 미국 대통령은 "당신의 이웃이 직장을 잃으면 경기침체이고, 당신이 직장을 잃으면 불황이다"라고 말했다. 우리는 경기침체와 불황이 구분되지 않는 시대를 살고 있다.

사면초가에 봉착한 현대인에게 옛 공자의 교훈은 맞지 않는다. 요즈음은 삼십이립 사십불혹(三十而立 四十不惑)이 아니라 삼십난립 사십미혹(三十難立 四十迷惑)이 제격인 시대가 되었다. 공자는 나이 30이 되면 뜻을 세우고, 자기 인생에 책임을 질 수 있으며, 40이 되면 어떤 외부의 유혹에도 흔들리지 않는다고 했다. 그러나 현실을 보면 좀처럼 나이 30에 뜻을 세우기가 어렵고, 40에 들어서도 온갖 유혹에 이끌린다.

브라질과 아르헨티나의 국경 지대에 있는 이과수폭포는 규모의 웅장함에서 인간을 압도하며 자연의 경이로움과 조화를 보여준다. 쉴 새 없이 쏟아지는 물보라와 고막을 찢을 듯 천지를 뒤흔드는 굉음 가운데 거대한 물줄기 이면을 들여다보면

리더의 아침을 깨우는 인문학 산책

물이끼로 번들거리는 절벽에 붙어 사는 자그마한 칼새를 볼 수 있다.

많은 조류들이 울창한 밀림 속 가장 평온하고 안전한 장소에 보금자리를 가지는 데 비해 칼새는 가장 위험하고 불안한 장소에 둥지를 튼다. 열대우림 속에는 가냘픈 칼새를 노리는 수많은 맹금류와 포식자들이 있기 때문에 칼새에게는 많은 새들이 위험하다고 느끼는 장소가 가장 안전한 안식처인지도 모른다.

칼새는 무리를 지어 폭포 주위를 선회하다가 거대한 물줄기 뒤에 마련해놓은 보금자리를 향해 과감하게 다이빙하여 들어간다. 폭포의 물줄기는 24시간 그 속에 사는 칼새를 보호해주며 그 어떤 적도 넘보지 못하게 만든다.

칼새는 자연의 이치에 보답하는 양 열대우림의 무성한 숲을 구석구석 누비며 해충과 나쁜 벌레를 없앤다. 자연은 칼새와 이과수폭포의 조화로운 행동 덕분에 울창한 숲을 유지해나간다.

자연과 인간의 모습은 여기서도 유사한 면을 가진다. 사람의 인격도 평온함과 고요함 속에서 발전하는 것이 아니라, 시련과 고통을 통과하고 나서야 인격이 성숙되고 비전이 분명해지며 바라는 것을 성취할 수 있는 힘을 지니게 된다.

세계화와 불확실성이 전개되는 지구, 이런 지구가 다다른 종

말을 주제로 한 영화가 큰 센세이션을 불러일으켰다. 1968년 첫 개봉된 「혹성탈출」 시리즈의 총 6편 중 「혹성탈출 1(Planet of the Apes)」은 최고의 작품으로 평가되고 있다. 주인공 테일러 역을 맡은 찰톤 헤스턴은 벤허, 십계 등 명작의 주연으로 열연을 펼친 배우였다.

인류의 문명에 환멸을 느낀 테일러 일행은 광속으로 가는 우주선을 타고 지구를 출발하여 우주여행을 마치고 귀환 도중 사고로 이름 모를 행성에 불시착하게 된다. 그 행성을 지배하고 있는 무리는 유인원이었다. 다행스럽게도 지구와 비슷한 기후와 환경을 가진 행성에서 겨우 살아났지만, 말을 타고 총을 쏘는 유인원 무리에게 포획되어 사로잡히게 된다.

많은 학대와 고초를 겪는 과정에서 유인원 과학자 부부의 도움을 받아 구사일생으로 도주하여 어느 고대 유적지에 도착하게 된다. 테일러는 그곳 해안가에서 상반신만 남기고 모래 속에 파묻힌 자유의 여신상을 발견하게 된다.

테일러 일행은 우주의 낯선 행성에 도착한 것이 아니라 고향인 지구로 돌아왔다는 것을 깨닫게 되었다. 우주여행을 하는 동안 인류는 핵전쟁으로 멸망하고 유인원이 지배하는 행성이 되어버린 것이다. 테일러는 모래 바닥에 주저앉아 울부짖는다.

세계화와 불확실성의 물결에 휩쓸려가다가 언젠가 지구 멸

리더의 아침을 깨우는 인문학 산책

망에 이른다는 가상의 스토리는 우리를 사로잡는다.

세계화의 예를 들어보자. 어느 캐나다인은 세계화를 이렇게 묘사했다. "다이애나 황태자비가 세계화의 대표적인 예이다. 다이애나 황태자비는 영국 사람인데 그녀가 교통사고로 죽은 장소는 프랑스였고, 동승한 자는 이집트 남자였으며, 운전수는 벨기에 사람이었다. 자동차는 독일제 벤츠였고, 그를 쫓던 파파라치들은 이탈리아 사람들로 밝혀졌다. 그런데 파파라치가 타고 온 오토바이는 일본산 혼다였고, 그녀의 장례식장을 뒤덮은 조화는 네덜란드산이었다. 장례식 상황은 한국의 삼성 TV로 시청하거나 빌게이츠의 마이크로소프트의 윈도우에서, 대만산 로지텍 마우스로 클릭하여 본다."

맑은 호수 위에서 유유자적하게 떠다니는 백조는 보는 사람으로 하여금 평화로움을 느끼게 한다. 수면 위의 우아한 모습은 백조가 전혀 노력하지 않는 것처럼 보이지만, 막상 수면 밑을 보면 백조의 두 발은 쉴 새 없이 움직이고 있다.

세계화의 파도가 거칠게 몰아치는 현실에서 리더의 모습도 이와 같아야 할 것이다. 수면 아래의 기업 환경이 한 치 앞도 분간할 수 없는 불확실한 상황이더라도, 현실의 리더는 이를 인지하되 여유를 가지고 극복하려는 자세를 가져야 한다.

세계화시대를 살고 있는 우리는 더 나아진 문명의 이기로 인해 편리함과 삶의 풍성함이 이전보다 크게 증가될 것이지만, 그 역작용으로 인해 더 행복해지지는 못할 것이다. 세계화의 구체적인 내용과 그로 인한 역작용을 보면 다음과 같다.

더 빨라진 컴퓨터, 기능이 날마다 새롭게 혁신되는 스마트폰, 그리고 페이스북, 트위터, 월드와이드웹(WWW) 등으로 인해 세계의 모든 사람들은 시간과 공간을 초월하여 시시각각 만나고 더 효율적으로 일할 수 있게 되었다.

세계화와 역작용	
세계화의 내용	**역작용**
끊임없는 기술혁신	일자리 축소, 실업 증가
부의 증가	빈부격차 증가
더 맛있고 영양가 높은 음식	성인병(고혈압, 당뇨, 비만 등) 증가
유전공학의 발전	인간복제, 유전자 변형 음식 생산, 생태계 파괴
기대수명 증가	고령화 사회, 사회적 비용 증가
교통수단의 발달	각종 전염병의 빠른 전이(신종플루, 사스, 에이즈, 코로나19등)
TV 프로그램의 증가	창의성 저하, 운동부족
카카오톡, 페이스북, 트위터	필요없는 대화의 증가, 개인정보 누출
신용사회의 정착	신용카드 사기, 신원 도용 증가
인터넷 쇼핑, 모바일뱅킹	충동구매, 개인정보 해킹 사기
인터넷과 WWW의 발달	인터넷 사기, 범죄, 해킹, 바이러스 증가

출처: 『미래진단법』, 에드워드 코니시 저, 이영탁 역, 2005, 에지, p.44.

세계화의 진전은 생활의 모든 면에서 더 나은 삶을 보장하지만, 부작용도 만만치 않다. 사람들은 필요한 메시지 전달보다는 불필요한 이메일과 오락의 수단으로 더 많이 이용할 것이다. 기술혁신의 가속화는 노동자들의 일자리를 위협하고 평생 직장은 먼 옛날의 이야기가 된다.

더 다양하고 풍부한 먹거리로 인해 성인병은 증가하고 인터넷뱅킹과 폰뱅킹 등 지불 방식의 편리성과 다양성은 오히려 인터넷 사기, 해킹을 늘리고 신용사회의 정착은 신용카드에 의한 사기 범죄를 증가시키고 있다. 의료기술의 발전은 수명을 연장시키겠지만, 고령화 사회의 도래와 이로 인한 사회적 비용을 증대시킨다.

하룻밤 자고 나면 기존의 유용했던 것들이 퇴물로 물러나는 변화의 소용돌이 속에서 기업은 도산하고 사람들은 위축되지만, 그 가운데서 변화의 물결을 잘 관리하고 통제하는 조직과 개인은 큰 성과를 가져올 수 있다.

컴퓨터의 등장으로 70년대 초까지 종로 거리에 가장 많았던 타자 학원이 자취를 감추었고, CD의 출현으로 LP 레코드판은 전통찻집의 소품이나 동호인의 취미 대상으로 전락하였으며, 컴퓨터 검색이 등장함으로써 청계천 책방의 대표 품목이었던 백과사전이 자취를 감추게 되었으며, 디지털 카메라의 출현으로 독일 최대 기업인 코닥필름이 부도를 맞게 되었다. 이와 같이 변화의 물결은 세계 도처에서 급격하게 이루어지고 있다.

불확실성은 자연에서도 존재한다. 북방 시베리아 툰드라 지역에서 출발하여 인도나 뉴질랜드의 따뜻한 지역까지 16,000여 킬로미터를 날아가는 도요새는 긴 여정에서 반드시 에베레스트 정상을 넘어야 한다. 히말라야의 꽁꽁 얼어붙은 세계 최고봉을 넘어야 하는 철새들에게 가장 큰 장애는 돌개바람과 눈보라다.

철새들의 편대가 히말라야 상공에 이르렀을 때 운이 나쁘면 갑자기 돌개바람과 눈보라를 맞게 된다. 논스톱으로 장시간을 날아온 철새 편대는 기력이 쇠잔하여 찬 회오리바람을 이겨내지 못하고 화살이 꽂히듯 만년설 속으로 떨어져 생을 마감한다.

따뜻한 목적지까지 얼마 남겨놓지 않고, 날아오던 자세 그대로 흰 눈 속에 묻힌다. 히말라야 등반대는 이러한 광경 앞에 자연의 경외함을 느끼면서 발걸음을 옮긴다.

미국과 전쟁을 한 나라에 관한 에피소드가 있다. 역사적으로 미국과 싸워 이긴 나라는 가난하게 되었고 미국과 싸워 진 나라는 부유하게 되었다.

베트남 전쟁에서 베트남은 미국과 싸워 이겼다고 평가 받지만, 아직까지 경제성장이 낙후된 국가로 남아 있다. 하지만 일본과 독일은 미국과의 2차 대전에서 패망했지만, 50~60년이 지난 지금 세계 경제대국이 되었다.

문제는 헝그리 정신에 있다. 가난하고 모든 것이 파괴되었기에 간절히 성장을 원하게 되었다. 개인도 마찬가지다. 꿈에 굶주리고 정상을 갈망하고 도전에 불타는 헝그리 정신이 필요하다.

「쥬라기 공원」에서 제프 골드블럼(Jeff Goldblum)이 연기한 과학자는 공룡이 쫓아오자 "더 빨리 가야 돼"라고 말했다. 오늘날 이것은 리더들의 머릿속에서 떠나지 않는 말이 되었다. "더 빨리 가야 돼." 공룡이 오고 있다. 공룡의 발소리가 들린다. 선두에 서기 위해 열심히 달려야 하는가, 아니면 따라잡기 위해 열심히 달려야 하는가.

최근 몇 년 사이에 속도와 배송, 서비스에 대한 모두의 기대치가 크게 증가했다. 덕분에 경쟁의 형세가 어떠하든 우리는 뒤지고 있는 느낌을 가진다. 녹초가 될 때까지 달려도 선두에서 밀려날 수 있다. 마치 그린란드의 개처럼 무거운 썰매를 죽을 때까지 몰고 간다. 또한 시지프스의 바위처럼 영원히 굴러 떨어지고 마는 바위를 반복해서 정상에 올리는 것과 같은 모습으로 살아간다. 아프리카 초원의 모든 동물은 매일 똑같이 죽음에 직면하면서 하루하루를 버티고 있다. 사자라고 예외일 수 없다. 매일 아침 가젤은 초원에서 눈을 뜨고 하루를 시작한다. 가젤은 가장 빠른 사자보다 더 빨리 달리지 못하면 잡아먹힌다는 것을 알고 마음속으로 처절한 결심을 한다. 또 다른 초원에서 사자도 잠에서 깨어난다. 사자는 가장 느린 가젤보다 빨리 달리지 못하면 굶어죽는다는 사실을 안다.

아프리카 초원에서 우리는 강한 사자를 부러워해서는 안 된다. 사자도 가젤과 똑같은 운명에 처해 있다. 당신이 할 일은 단지 아침 해가 돋으면 뛰어야 한다는 사실이다. 이와 같은 환경이 오늘날 우리가 처해 있는 현실이다.

사냥에 나선 사자

6. 디지털 AI시대의 인간상은
어떻게 변해야 하나

자동차 한 대를 만드는 데 들어가는 부품 수는 약13,000개이고, 보잉747 제트 여객기에는 300만 개의 부품이 필요하다. 그리고 우주왕복선은 500만 개의 부품을 필요로 한다.

그런데 인간의 몸은 무려 60조 개의 세포 조직으로 구성되어 있다. 하나님이 이렇게 위대하게 만들어놓은 인간은 각자 장점과 약점을 가지고 한평생을 살아간다. 우리 인생에서는 자신의 장점을 키워나갈 시간이 많이 주어져 있지 않다.

장점은 내버려두면 저절로 발전하고 자라나는 성질의 것이 아니다. 타고난 재능이 아무리 훌륭하고 뛰어난 천재라도, 사용하지 않고 갈고 닦지 않으면 그 재능은 곧 쇠퇴하고 소멸된다. 장점을 관리하고 연마해가면 장점은 더 강해지고 탄탄해지지만, 약점에 신경을 쓰면 쓸수록 약점은 더 크게 부각된다.

관심을 장점에 두고 집중하면 할수록 약점은 없는 것처럼 여겨진다. 구시대에서 인정받는 인간상은 IQ가 높고, 아는 것이 많으며, 주어진 일을 성실히 수행하는 사람이었다. 그러나 오늘날 우리가 직면하는 주변 환경은 과거와는 사뭇 다르다.

과거의 환경이 조용한 강에서 이루어지는 조정경기에 비유된다면 오늘날의 환경은 급속하게 변하기 때문에 험한 계곡을 타고 내려가는 래프팅경기에 해당된다. 이러한 주변 환경의 변화로 인해 현 시대가 요구하는 인간상은 인격을 갖추고 창의적인 사고를 하는 EQ가 높은 사람이며, 학력보다는 무엇을 공부했느냐가 중요하다.

또한 직위보다는 직위에서의 차별화가 요구된다. 아는 것이 많다는 것이 중요하지 않고 계속적으로 배우려는 자세가 필요하며, 스스로 일을 해나가는 인간상이 적합하다. 그래서 새시대가 요구하는 인간상의 문제는 '높다·낮다'의 문제가 아니라 '한다·안 한다'의 문제인 것이다.

구시대 인간상	새시대에 적합한 인간상
IQ(논리력, 언어 지능) 학력 직위 아는 게 많다 주어진 일을 한다	EQ(인격, 창의력) 무엇을 공부했는가 직위에서의 차별화 계속 배운다 스스로 알아서 한다
많다·적다의 문제	한다·안 한다의 문제

조정경기

래프팅경기

기존 기업은 화창한 날씨에 한강에서 벌이는 조정경기에 비유된다. CEO와 상급자의 지시에 따라 주어진 일을 성실히 하면 된다. 그러나 불확실성과 세계화의 물결이 사방에서 몰아치는 오늘날 기업 현실은 중무장한 헤드기어를 쓰고 험난한 장애물을 쉴 새 없이 헤쳐나가야 하는 래프팅(rafting)경기다. 창의력을 발휘하여 스스로 모든 일을 해야 한다.

그러나 구시대나 새시대를 불문하고 모든 시대에서 인간이 갖추어야 할 인간상은 FQ(Faith Quotient, 믿음지수)이다. 믿음지수가 높은 인간이 하나님께 높임을 받는다. "복음에는 하나님의 의가 나타나서 믿음으로 믿음에 이르게 하나니 기록된바 오직 의인은 믿음으로 말미암아 살리라 함과 같으니라(로마서 1:17)."

평가되는 IQ지능은 언어적 지능과 수학적 지능만으로 구성되어 있다. 그러나 하버드대학의 가드너 교수는 인간에게 8가지 지능이 있다고 발표했다. 언어와 수학적 지능 외에 음악, 공간, 신체운동, 친화, 자기성찰, 그리고 자연친화 지능이 그것이다.

무지개가 일곱 색깔을 가지는 것처럼 인간은 이와 같은 여덟 가지 다양한 지능을 가지고 있다. 누구나 이러한 8기통 엔진을 가지고 태어난다. 다만 사람마다 각 지능의 높낮이만 차이가 있을 따름이다.

'다중지능' 주창자 하버드대학 하워드 가드너 교수

누구나 8가지 지능 가운데 남보다 조금이라도 특출한 부분

　　　　　　　　리더의 아침을 깨우는 인문학 산책

이 있게 마련이다. 하나님의 형상을 따라 창조된 인간이 자신의 장점을 발견하고 그것을 특화시켜나간다면 우리는 원래의 하나님 형상에 더 가까워질 것이다.

7. 생명의 길과 사망의 길

인류 역사상 가장 비참하게 몰락한 인종을 꼽자면 아메리카의 그 광활하고 아름다운 땅을 다 빼앗긴 채 쇠락한 인디언일 것이다. 그들이 잘못된 이유는 먼저 영국과 프랑스가 미국 땅을 차지하기 위하여 전쟁을 벌였을 때 프랑스 편을 든 것이다. 인디언들은 열심히 싸웠으나 프랑스의 패배 후 인디언들은 영국군의 모진 보복을 받고 세력이 급감했다.

세월이 흘러 미국 독립전쟁이 시작되자 지난번 전쟁에서 영국 편을 들지 못한 것을 천추의 한으로 여겼던 인디언들은 이번엔 영국 편을 들어 성심성의껏 싸웠다. 하지만 영국은 미국에게 패퇴했고 종전 후 인디언들은 또다시 미국인들의 모진 보복을 받았다.

심지어 앤드류 잭슨 미국 대통령은 1830년 인디언 제거법(The Indian Removal Act)을 만들어 그들을 삶의 터전에서 강제로 내쫓았다. 1890년 12월 29일 미 육군은 운디드니에서 북미 인디언 300여 명을 학살했다.

리더의 아침을 깨우는 인문학 산책

인디언들은 전쟁에서 편을 잘못 서서 엄청난 타격을 받고 결국 몰락하게 됐다. 인디언의 멸망이 보여주듯 어떤 길을 선택할지는 개인이나 기업, 국가에게 생과 사, 승과 패를 결정하는 가장 중요한 일이다.

만약 김연아 선수가 역도 선수의 길을, 장미란 선수가 피겨 스케이팅 선수의 길을 갔다면 어떠했을까? 그들은 스스로 갈 길을 잘 선택해서 세계 최고의 스타가 됐다.

카알라일은 "선택은 순간에 이루어지지만 그 결과는 영원하다" 라고 말했다.

이 말을 바탕으로 한, "순간의 선택이 10년을 좌우한다"라는 금성(현 LG)의 TV 광고가 1980년대 크게 유행했다.

하늘에서 떨어지는 한 방울의 빗물이 백두산 정상에서 동쪽으로 떨어지면 그 빗물은 두만강 물에 합류하여 동해로 흘러간다. 그러나 서쪽으로 떨어진 빗물은 압록강 물에 들어가 서해로 흘러가게 된다. 불과 며칠이 지나면 이 두 빗물은 영원히 만날 수 없는 운명이 된다.

또한 스위스의 알프스산 정상에 떨어지는 빗방울 하나가 북쪽 골짜기로 흘러내리면 그 빗방울은 라인강을 타고 흘러 북해의 바닷물이 되고, 그 물방울이 동쪽 골짜기를 타고 흐르면 다

뉴브강을 통해 흑해의 바닷물이 된다. 그리고 그 물방울이 남쪽 골짜기를 타고 흐르면 로네강으로 들어가 지중해로 흘러들어간다.

알프스 융프라우스산

이와 같이 알프스산 정상에 떨어지는 물방울이 어떤 방향으로 떨어지느냐에 따라 그 물방울의 운명이 크게 달라진다. 며칠이 지나면 서로 수천 킬로미터 떨어진 북해와 흑해와 지중해의 바닷물이 된다. 하찮은 물방울 하나에게도 현재의 작은 차이와 결단이 나중에는 돌이킬 수 없는 큰 차이와 결과를 가져오는 것을 볼 수 있다.

병원에 입원한 사람은 퇴원을 소망하고, 군대에 입대한 자는 제대를 손꼽아 기다리지만, 사망의 길은 소망이 없는 곳이다. 순간의 만남, 순간의 결단을 통해 우리의 인생은 새롭게 창조된다. 인생의 갈림길이나 교차로에서 우리는 참된 선택을 할 수도 있고 잘못된 선택을 할 수도 있다.

설령 지금까지 우리가 인생의 길에서 잘못된 선택을 하며 지내왔다고 하더라도 사랑과 긍휼하심이 풍성하신 하나님께 나아온다면 모든 것이 역전될 수 있다.

성경 예레미야 21장 8절에 하나님께서는 "내가 너희 앞에 생명의 길과 사망의 길을 두었다"고 말씀하고 계신다. 하나님께서는 우리 인생의 앞길에 상반된 두 길을 예비해두시고 우리에게 예수 그리스도를 구주로 믿는 결정을 함으로써 생명의 길로 나아가 구원과 영생의 축복을 누리라고 권고하신다.

8. 멀티태스킹(multi tasking)과
싱글태스킹(single tasking)

허버트 사이먼은 노벨경제학상 수상자로서 "정보의 풍요로움은 주의력의 빈곤을 만들어낸다"라고 말했다. 오늘날 멀티태스킹(다중작업)을 하는 것이 개인의 일상사가 되고 있다. 컴퓨터에서 문서 작업을 하다가 메일함이 궁금해서 메일 화면으로 이동한다. 메일에 답장하다 보면 하던 일을 잠시 잊어버린다. 또한 뉴스가 궁금해서 신문으로 이동한다. 이러한 다중작업의 폐해는 스탠퍼드대학교의 보고서가 말해준다. 다중작업이 일상화되면 뇌의 중요한 두 부분이 손상을 입는다고 한다. 하나는 전두엽피질이라 불리는 곳이다. 이곳은 계획이나 분석, 일의 우선순위를 매기는 것과 같은 이성적인 작업을 담당하는 부분이다. 다른 하나는 해마(hippocampus)라고 불리는 곳으로, 기억이나 공간 학습에 깊이 관여한다. 안타깝게도 이두 부분이 손상을 입으면 집중력이 저하되고 뇌에 손상을 가져온다.

리더의 아침을 깨우는 인문학 산책

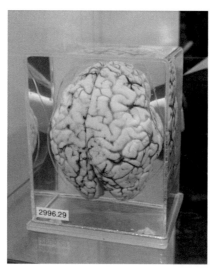

사람의 뇌

그러나 대다수 직장인들은 다중작업으로 일을 처리하지 않으면 도저히 끝낼 수 없을 만큼 많은 일을 해내야 한다. 서류나 전화뿐만 아니라 메일, 인터넷, 소셜미디어, 스마트폰, 화상회의 등 처리해야할 정보가 시시각각 몰려든다. 이런 환경에서 정보에 휘둘리다 보면 본연의 일에 집중하지 못하는 생활이 일상화된다.

공항 관제탑은 24시간 수백 대의 비행기가 이륙하고, 착륙하며, 지상에서 이동하는 세 가지 일을 차질 없이 수행해야 한다. 관제탑은 공항 활주로에 있는 모든 비행기들을 주시하지만, 지금 당장 모든 능력과 전문지식을 집중하는 대상은 비행기 한 대뿐이다. 바로 지금 착륙하는 비행기다. 그 비행기를 안전하고 완벽하게 착륙시키지 못하면 다른 모든 노력이 물거품이 된다. 착륙하는 비행기가 공항에 접근해올 때, 이륙하려는 비행기와 지상에서 이동하는 비행기는 잠시 대기시킨다. 인생에서도 날마다 해야 하는 중요한 일들이 많지만 가장 중요한 목표는 딱 하나다. 여러 개의 목표를 동시에 하려는 사람은 어느 하나도 제대로 달성하지 못한다.

공항 관제탑

싱글태스킹은 한 번에 한 가지 일에 몰입하며 그것을 충실히

리더의 아침을 깨우는 인문학 산책

하는 것이다. 몰입은 무언가에 무아지경으로 빠진 상태를 말한다. 이때 에너지와 행복을 느끼고 긍정적인 마음과 유머감각, 만족감과 성취감을 느낀다. 그리고 스트레스와 압박감, 의구심과 불안감, 지루함과 산만함이 없어진다. 집중하는 일의 개수와 생산성과의 관계를 보면 다음과 같다.

생산성이 가장 높은 것은 한 가지 일에만 집중하는 싱글태스킹 상태다. 두 개 이상의 일을 동시에 하면 할수록 집중도가 떨어지고 일의 효과도 현저하게 저하된다. 과거에 대해서 내가 할 수 있는 일은 없다. 미래의 일도 마찬가지다. 나는 현재를 살 뿐이다. 지금 현재의 한 가지 일에 집중하기(싱글태스킹)가 중요하다. 시간을 절약하기 위해 여러 가지 일을 동시에 수행하지만 오히려 한 번에 하나씩 해나가는 것보다 못하다는 결론에 이른다.

멀티태스킹이 기억력을 떨어뜨린다는 연구 결과가 있다. 강의 도중에 노트북을 열어놓은 학생이 노트북을 닫고 강의를 듣는 학생들보다 더 낮은 점수를 기록했다. 멀티태스킹이 습관화되면 수준 이하의 업무 성과만 낸다. 또한 행복과 만족감이 낮아진다. 미디어 멀티태스킹(워드 프로세스 작업 + 문자메시지 보내기 + 이메일 체크)에 골몰할수록 불안감과 우울감이 높아지는 경향이 있다.

한 가지 일에 몰두하면 그 일을 더 즐겁게 할 수 있다. 정신과 신체의 에너지를 현재 하는 일에만 쏟을 때 깊은 만족감을 얻게 된다.

모차르트는 몇 개의 작곡을 동시에 진행했다. 모두 걸작이었다. 이것은 멀티태스킹의 유일한 예외다. 다른 작곡가들, 바흐, 헨델, 하이든, 베르디는 한 번에 한 작품씩 작곡했다. 이들은 자신이 작곡하고 있는 작품을 완성하기 전에는 다른 작곡을 시작하지 않았다. 많은 일을 해내는 가장 빠른 지름길은 한 번에 한 가지씩 하는 것이다.

우리는 마법에 걸린 듯 온갖 영상매체와 메시지 주고받기에 빠져버린 나머지 풍요로운 삶을 즐기지 못하고 자아실현을 이룰 기회를 잃어버린다. 휴대전화, 인터넷, SNS에 중독되어 산다. 비행기가 착륙하기 무섭게 휴대전화를 연결하고 스마트폰의 전원을 켠다. 현대인은 스마트폰 부재 시 스트레스를 받을 정도로 스마트폰에 대한 금단 증세에 젖어 있다.

스마트폰이나 카카오톡, 페이스북 등 소셜미디어(social media)는 오늘날 생활필수품이다. 오죽하면 노모포비아(nomophobia)란 단어가 생겨났을 정도다. 노모포비아는 노(no) + 모바일폰(mobile phone) + 포비아(phobia)의 합성어로서 스마트폰이 없으면 스트레스를 받고 심지어 공포심에 이른다는 말이다. CNN의 조사에 의하면 사람들은 하루에 평균적으로 34번 스마트폰을 확인하고 70%의 사람들이 노모포비아 증세를 가진다고 한다.

인간의 삶 가운데에서는 알게 모르게 두려움이 엄습해온다. 두려움이 항상 현대인을 곁에서 위협하고 있다. 언어 애호가들은 모든 단어를 두려움과 결합하여 새로운 단어를 만들었다. 구글에서 phobia list를 치면 A에서 Z까지 수천 개의 두려움 리스트가 나온다. 영어사전이 두려움으로 뒤덮여 있을 지경이다. 심지어는 공포공포증까지 등장한다.

acrophobia	고소공포증
autophobia	고독공포증
pentheraphobia	시어머니공포증, 장모공포증
automysophobia	결벽증
atychiphobia	실패공포증
catagelophphobia	비웃음공포증
neophobia	새로운 것에 공포증
phobophobia	공포공포증

성경에서는 두려워하지 말라고 365번 권고한다. 그래서 프랭클린 루스벨트 전 미국 대통령은 "우리가 두려워해야 할 대상은 두려움 그 자체다"라고 말했다. 우리의 적은 두려움이지 위

험이 아니다.

나쁜 기억이나 트라우마, 부정적인 생각이 우리 머리 위에 서성이는 것을 막을 수는 없지만 머리 위에 둥지를 트는 것은 막을 수 있다. 많은 선각자들은 우리가 세 발자국 내디디기 전에 부정적인 생각을 떨쳐버리라고 조언한다. 그러기 위해서는 아주 기분 좋았던 추억들을 몇 가지 정도 늘 가슴에 간직하고 있을 필요가 있다.

리더의 아침을 깨우는 인문학 산책

9. 덴마크식 십계명: 얀테의 법칙

오프라 윈프리가 덴마크 코펜하겐을 방문하여 "사람들이 아이를 유모차에 태워 카페 밖에 세워두어도 아이가 납치당할 걱정을 하지 않는 것, 모두가 욕심내지 않는 것"을 덴마크의 성공비결이라고 말했다.

요즈음 소위 '국뽕'으로 불리는 유튜브 영상을 심심찮게 볼 수 있다. 국뽕은 인터넷 신조어로서, 국가와 히로뽕의 합성어이다. 자국에 대한 왜곡된 애국심에 도취되어 있거나 맹목적으로 자국을 찬양하는 행태를 비꼬는 말이다.

국뽕 유튜브를 보는 순간 마약을 맞은 것처럼 기분이 좋아진다. 그중에는 한국이 안전하고 좋은 나라인 것을 증명하는 동영상이 있다. 카페에서 노트북을 켜놓고 화장실에 다녀오거나 벤치에 가방을 두고 볼일을 봐도 가져가는 사람이 없으며 세계에서 가장 좋은 지하철 시스템을 가지고 있다는 등 한국을 매우 살기 좋은 나라로 보여준다.

이러한 영상을 보는 순간 어깨가 우쭐해지지만, 정신을 차리고 생각해 보면 실상은 다르다. 우리나라는 OECD 국가 중 자살률과 노인빈곤율 1위라는 불명예를 가지고 있는 나라다.

덴마크는 일상의 삶 전체가 살기 좋은 나라이지만, 한국은 어딘지 균형을 잃은 나라라는 느낌이 든다. 마틴 루터가 종교개혁을 일으키자 이를 제일 먼저 받아들인 곳이 스칸디나비아 3국이다. 덴마크는 1536년 루터교를 국교로 제정한 후 오늘에 이르고 있다. 그러나 오늘날 덴마크 교회는 마틴 루터의 사상을 충실히 따르지 않는다고 볼 수 있다.

일요일 예배 참석률이 현저히 낮고 이혼율은 높다. 하지만 루터교의 핵심원칙인 절약과 겸손, 개인주의와 엘리트주의 배격은 여전히 덴마크인들의 마음 중심에 있다.

덴마크계 노르웨이인인 소설가 산데모세는 1933년 발표한 『도망자, 지나온 발자취를 다시 밟다』로 노벨상을 받았다. 이 소설에서 대다수 스칸디나비아인들이 사회조화라는 미덕을 실현하기 위해 자발적으로 복종하는 신조 10가지를 소개했다.

얀테의 법칙

이를 얀테의 법칙(Law of Jante)이라고 한다. 이 법칙의 내용은 루터교의 핵심원칙인 겸손과 결부되어 있으며 덴마크의 사회규범이 되고 있다. 일종의 덴마크식 십계명이라고 할 수 있는데 덴마크를 넘어 북유럽 전체로 확산되었다.

성경의 십계명을 다 지키는 사람은 이 세상에 한 사람도 없다. "살인, 간음, 도적질, 부모공경 등 누구나 다 지키는 일을 왜 지킬 수 없다고 하지?"라고 펄쩍 뛰지만, 마지막 열 번째 계명인 '남의 것을 탐하지(covet)말라'에 부딪히면 다 넘어진다.

이는 마음속 생각으로 지은 죄이기 때문이다. 독실한 기독교인인 전 미국 대통령 지미 카터는 백악관에서 마음속으로 여러 번 간음했다고 털어놓았다.

클린턴은 백악관에서 실제로 간음했지만, 카터는 마음속으로 간음했다. 세상 법으로는 클린턴만 죄가 되지만, 하나님의 법으로는 둘 다 십계명을 어긴 것이 된다. 한 번도 마음속으로 이웃을 미워하지 않거나 탐심을 가지지 않은 자는 이 세상에 없을 것이다.

덴마크식 십계명은 대인관계에서 겸손과 낮아짐을 가르치고 있다.

① 특별하다고 생각하지 마라.

② 남들만큼 좋은 사람이라고 생각하지 마라.

③ 남들보다 똑똑하다고 생각하지 마라.

④ 남들보다 더 낫다고 생각하지 마라.

⑤ 남들보다 더 많이 안다고 생각하지 마라.

⑥ 남들보다 더 중요하다고 생각하지 마라.

⑦ 모든 일을 잘한다고 생각하지 마라.

⑧ 비웃지 마라.

리더의 아침을 깨우는 인문학 산책

⑨ 당신에게 관심 있을 것이라고 생각하지 마라.

⑩ 남들에게 무엇이든 가르칠 수 있다고 생각하지 마라.

동화의 아버지 안데르센

　동화의 아버지 안데르센은 그의 인생 자체가 동화와도 같았고, 극도로 냉혹한 인생을 살았다. 불면증에 시달리는 왕에게 불려나가 왕이 잠들 때까지 자신의 동화를 읽어주었다. 배우의 꿈을 가졌지만 목소리와 외모가 배우가 되기엔 부족했다. 대학에 들어간 후 글쓰기로 전향하여 최초 작품인 「니콜라이 탑 위에서의 사랑」이 왕립극장에서 성공적으로 상연되었다. 비로소 안데르센은 '미운 오리 새끼'에서 '백조'로 도약했다.

덴마크는 세계에서 세율이 가장 높은 나라이다. 매장의 물건 값과 자동차 가격, 레스토랑 밥값이 세계에서 제일 비싸다. 모두 세금 때문이다. 덴마크에서 책은 사치품이다.

몇 년 전 덴마크 정부는 베이컨과 치즈에 비만세를 도입했다. 그러자 덴마크인들은 차를 몰고 독일과 스웨덴에 가서 베이컨과 치즈를 구입했다. 결국 정부는 손을 들고 비만세를 폐지했다. 덴마크인들은 정부가 거둬들인 많은 세금으로 환자와 실직자를 도와주고 병원과 학교에 충분한 예산을 배정하며 사회안전망이 제대로 작동하는 데 사용하는 것에 동의한다.

하지만 이러한 성과는 많은 세금을 부담하는 시민들의 집단적 희생의 결과로 여겨지고 있다. 의료비와 보육비, 노인부양비가 무료인 덴마크에서는 병에 걸리거나 실직위험에 놓인 사람들에게는 천국이 되겠지만, 세금 부담이 높은 고소득 근로자나 성공적인 덴마크인들로서는 그렇지 않다. 이런 상황을 반영하듯 뉴욕과 런던에는 창의적이고 야심 있는 덴마크 이민자들이 넘쳐난다.

노벨 경제학상 수상자인 밀턴 프리드먼은 그의 저서 『선택할 자유』에서 정부와 기업, 개인이 돈을 쓰는 네 가지 방법을 소개했다.

첫째, 본인 돈을 본인에게 쓴다.

리더의 아침을 깨우는 인문학 산책

둘째, 본인 돈을 다른 사람에게 쓴다.

셋째, 다른 사람 돈을 본인에게 쓴다.

넷째, 다른 사람 돈을 다른 사람에게 쓴다.

인간이 태어나서 피할 수 없는 두 가지는 '세금'과 '죽음'이다. 그렇다면 본인 돈을 전부 본인이 쓰는 첫 번째는 불가능하다. 두 번째는 바람직하다. 세금을 거둬 저소득층을 위해 쓰거나 사회안전망을 구축하는 데 사용한다면 누구나 수긍할 것이다. 그리고 세 번째도 환영받을 일이다. 거둬들인 세금이 나를 위해 쓰여진다면 납세자가 불평하는 일은 없을 것이다. 문제는 마지막에 있다. 모두로부터 거둬들인 세금이 나와 우리를 위해서 쓰여지지 않고 알지 못하는 개인이나 집단에게 유용된다면 국민들은 정부를 강하게 불신하게 될 것이다.

오늘날 우리의 현실이 그렇지 않은지 곰곰이 생각하게 된다. 네 가지 돈 쓰는 방법에서 마지막으로 갈수록 소비는 점점 무책임해지고 도덕적 해이는 심화된다. 네 번째 경우는 거둬들인 세금을 눈먼 돈이라고 생각하며 마구 소비하게 되며 어느 누구도 책임지지 않는다.

10. 창의적인 아이디어는 어떻게 오는가

독창성과 도둑질은 종이 한 장 차이다. 인류 역사에서 가장 창의적인 사람으로 여겨지는 셰익스피어와 뉴턴은 남의 아이디어를 훔쳤다거나 표절했다는 의심과 비난을 받았다. 뉴턴은 "더 멀리 바라보기 위해 거인들의 어깨에 올라서야 했습니다"라고 고백했다. 다른 사람의 아이디어를 기본으로 하여 자신의 아이디어를 만들었음을 시인한 것이다.

셰익스피어도 페르시아의 민담인 '레일라와 메즈눈'의 스토리를 그대로 가져와 「로미오와 줄리엣」을 만들었다. 그러나 셰익스피어의 「로미오와 줄리엣」이 세상에 나왔을 때 그 작품은 원작과는 비교가 되지 않을 정도의 생명력을 가지고 사람들을 놀라게 했다.

리더의 아침을 깨우는 인문학 산책

로미오와 줄리엣

　"전에 있던 것도 다시 있을 것이며, 이미 한 일도 다시 하게 될 것이니 세상에는 아무것도 새로운 것이 없다. '보라 이것은 새것이다'라고 말할 수 있는 게 무엇인가? 그것은 우리가 태어나기 전에 오래 전부터 있었던 것이다(전도서 1:9~10)"라는 성경 구절이 있듯이 아이디어의 세계에서도 무에서 유가 창조되는 경우는 거의 없으며, 기존의 아이디어를 통해서 새로운 것이 탄생된다.

오늘날 '레일라와 메즈눈'을 기억하는 사람이 몇 명이나 될까. 남의 것을 참고로 했지만, 자신의 독창적인 아이디어를 첨가했을 때 메마른 가지에 꽃이 피듯 엄청난 작품이 탄생한다.

아이디어는 살아 움직이는 유기체와 같아서 스스로 진화해 나간다. 자동차가 탄생하기까지의 아이디어의 진화 과정을 보자. 수천 년 전 한 원시인이 동굴에서 나와 산등성이를 오르면서 장난삼아 바위 하나를 아래로 밀었다. 떼굴떼굴 굴러내려가는 것을 목격한 원시인은 깨달음을 얻었다.

다음 날 그는 바위를 다듬어 인류 최초의 바퀴를 만들었다. 옆에 있던 친구들이 새롭게 창조된 돌로 만든 바퀴를 보고 찬사를 아끼지 않았다. 친구 중 하나가 이 발명품을 모방해 돌이 아닌 나무로 바퀴를 만들었다. 나무로 만든 바퀴는 이전 것보다 훨씬 잘 굴러갔다.

또 다른 원시인은 바퀴 뒤에 바구니를 달아 인류 최초의 수레를 만들었다. 이 수레로 사냥한 늑대나 사슴을 손쉽게 옮겼다. 오랜 세월이 지나자 사람들은 이 수레를 말이 끌게 했다. 이 수레는 물건을 옮기는 데뿐만 아니라 전쟁 때도 사용되었다. 나중에 말 대신 증기기관이 결합되어 자동차가 탄생했다.

리더의 아침을 깨우는 인문학 산책

이처럼 새로운 아이디어는 항상 이전 아이디어와의 결합으로 이루어졌다. 창의적 아이디어의 탄생은 네 가지 단계를 거친다.

첫째, 해결하고자 하는 문제에 대한 호기심이 일어난다.

둘째, 기존의 아이디어를 관찰하고 그 작동원리를 관찰한다.

셋째, 기존 아이디어의 강점을 강화하고 단점을 제거한다.

넷째, 새로운 아이디어와 결합한 후 숙성시키고, 시행착오를 거쳐 완성된 결과를 가져온다.

한마디로 요약하면 다른 사람의 아이디어를 빌리고 그 위에 새집을 짓는 것을 의미한다.

인류가 발견한 과학적 진보의 사례 가운데 약 75%는 그 과학자가 자신의 연구를 하지 않는 동안에 이루어졌다. 비전과 착상은 아무 때나 찾아온다. 그러므로 현명한 아이디어맨들은 항상 번개같이 내리치는 비전을 받아들일 준비가 되어 있어야 한다.

침대에 메모지를 비치하고 종종 생각이 떠오르면 어둠 속에서 메모지에 휘갈겨 써놓는다. 수학자 팡세는 산책길에서 떠오른 아이디어를 손톱에 기록했던 일화가 있다. 스위스 전기 기술자 조르주 드 메스트랄(George de Mestral)은 1941년에 산토

끼를 발견한 사냥개를 뒤쫓아 달리다가 산우엉가시가 우거진 숲으로 뛰어들게 되었다. 돌아와보니 자신의 옷에 산우엉가시가 잔뜩 묻어 있는 것을 발견하였다. 털어내려 해도 잘 떨어지지 않는 데 호기심이 생긴 그는 현미경으로 관찰하여 산우엉가시의 미세한 갈고리가 올가미 모양의 섬유에 들러붙어 있는 것을 발견하였다.

이에 착안하여 그는 8년간의 연구 끝에 한쪽 면에는 수천 개의 갈고리가, 다른 한쪽 면에는 올가미 형태가 달려 있어 맞붙이면 쉽게 떨어지지 않는 여밈 장치를 개발하였다. 자연에서 일어날 수 있는 사소한 일을 지나치지 않고 상상력과 직관의 힘을 활용하여 획기적인 혁신 제품을 창안해냈다.

벨크로(Velcro)

리더의 아침을 깨우는 인문학 산책

벨크로(Velcro)란 한쪽에 갈고리(hook), 다른 한쪽에 걸림고리(loop)가 있어 서로 붙였다 떼었다 할 수 있는 제품을 말한다. 일명 '찍찍이'로 불린다. 접착하면 단단하게 고정되고, 쉽게 떼어낼 수도 있어 단추나 지퍼의 대체품으로 널리 쓰이게 되었다. 오늘날에는 의류나 가방, 시곗줄, 신발, 지갑 등의 일상용품에서부터 의료용, 군복, 우주선, 항공기 등에까지 광범위하게 사용되고 있다.

인류가 이룩한 모든 발명품은 기존의 관념에서 벗어나 생각의 틀을 허물고 창의성을 표출한 결과다. 에디슨은 소파 밑에 은쟁반을 두고 쇠구슬을 들고서 오수를 즐겼다. 반수면 상태에서 스스르 손이 풀려 구슬이 아래로 미끄러지면 쟁그렁 하는 소리에 번쩍 잠이 깬다. 그 순간 자신의 창조적 생각이 획기적으로 다가왔다. 이 방법은 에디슨을 본받아 열쇠나 다른 쇠붙이를 사용해서 많은 과학자들이 애용했다.

뉴턴은 정원을 거닐다가 착상이 떠오르면, 목욕탕에서 뛰쳐나온 아르키메데스처럼 서재로 뛰어가 의자에 앉을 새도 없이 책상 앞에 서서 떠올랐던 생각을 마구 써 내려갔다. 뉴턴의 지적(intelligence) 발견은 대부분 직관이나 번득이는 발상에서 얻었다.

철학자 칸트는 자기 방 창문을 통해 멀리 보이는 탑을 뚫어지게 바라보면서 영감을 얻곤 했다. 칸트는 독특한 집중력 훈련을 했다. 눈 오는 날에는 하늘을 쳐다보고 가장 높은 눈송이에 시선을 고정한 채 그 눈송이가 땅에 떨어질 때까지 응시하는 훈련을 반복해서 했다.

발자크나 플로베르는 작품을 쓰기 위해 커피나 술에 의존했다. 깊은 사색을 좋아하는 발자크를 기념하기 위해 조각가 로댕은 발자크를 모델로 선정하여 그 유명한 '생각하는 사람'을 조각했다.

독창적인 생각을 얻기 위해 샤토브리앙은 "나는 눈을 감고 내 목소리를 듣는다. 나는 아무런 노력도 기울이지 않는다. 머릿속의 막 위에서 온갖 장면들이 펼쳐지도록 내버려둘 뿐이다. 나는 내 안에서 그 장면들이 완성되어가는 것을 바라본다. 이것이 무의식이다"라고 말했다.

천재성은 무의식이 제공하는 모든 가능성에 귀 기울이며 자기의 개성을 최대한으로 활용한다. 천재는 우리가 이해하지 못하는 것을 이해하는 사람이다.

괴테와 실러는 독일 고전 문학에서 쌍벽을 이루는 대문호이다. 괴테는 절친한 친구 실러의 집을 방문했다. 괴테는 실러가 외출중이어서 그의 서가에서 기다리고 있었다. 괴테는 서가에서 고약한 냄새가 나는 것을 깨달았다. 서랍을 열어보니 그 안에는 썩은 사과가 가득했다.

실러의 아내에게 물어보니 "남편은 글을 쓸 때 썩은 사과 냄새를 맡으면 창의적 영감을 얻는다"라고 말했다. 실러는 썩은 사과 냄새를 맡으면 시상이 떠오른다고 해서 책상 서랍 안에 항상 썩은 사과를 넣어두었다. 또한 두뇌활동을 촉진하기 위해 발 위에 얼음을 올려놓기도 했다.

아인슈타인은 상대성이론을 연구할 때 고무공을 손에 쥐고 전력을 쏟아 집중하고 긴장할 때마다 주기적으로 고무공을 꽉 쥐곤 했다. 또 저술가 새뮤엘 존슨은 글을 쓸 때 책상 위에 항상 고양이를 올려놓고 간간이 고양이를 손으로 가볍게 쳐서 가르랑거리는 소리를 내게 만들었다. 작가나 과학자들이 저술과 연구에 몰두할 때 이러한 감각적 자극들이 작업에 효과적인 도움을 주었음이 틀림없다.

창의적인 천재들은 단순히 언어로만 사고하는 것이 아니라 신체가 가진 모든 감각을 활용한다. 그들은 생각을 자극하는 감각 신호들을 찾아내 이용할 줄 안다.

11. 돈을 사랑함이 일만 악의 뿌리

　전 세계에서 가장 큰 부자 중 한 사람인 샘 월튼이 죽기 전 마지막 한 말은 "인생을 잘못 살았어"였다. 그는 자식들에 대해 아는 것이 거의 없었고, 손자들의 이름은 절반도 알지 못했고 친구라 부를 수 있는 사람도 거의 없었다.

샘 월튼(월마트 창업자)

　　　　　　　　　　　　　　　　리더의 아침을 깨우는 인문학 산책

게다가 아내 역시 순전히 의무감 때문에 자신의 곁에 있었다는 사실을 알게 되자 성공을 위해 너무나 큰 대가를 치렀다는 것을 깨달았다. 샘 월튼의 슬픈 유언은 전 세계 사람들에게 큰 충격과 고민을 안겨주었다. 세계 최대 기업 월마트의 창업주이자 시애틀을 통째로 다 사고도 남을 만큼 큰돈을 번 사람이 죽을 때 그토록 뼈아픈 후회를 했다니, 도대체 뭐가 잘못된 것인지 생각하지 않을 수 없다.

성경은 우리에게 돈을 사랑하고 부자가 되려고 하는 것이 해가 된다는 것을 말씀해주고 있다. "우리가 세상에 아무것도 가지고 온 것이 없으매 또한 아무것도 가지고 가지 못하리니 우리가 먹을 것과 입을 것이 있은즉 족한 줄로 알 것이니라 부하려 하는 자들은 시험과 올무와 여러 가지 어리석고 해로운 정욕에 떨어지나니 곧 사람으로 침륜과 멸망에 빠지게 하는 것이라 돈을 사랑함이 일만 악의 뿌리가 되나니 이것을 사모하는 자들이 미혹을 받아 믿음에서 떠나 많은 근심으로써 자기를 찔렀도다(디전 6:7~10)."

사람들은 성공하면 행복해질 것이라는 생각으로 현재를 희생하며 살아간다. 그러나 성공한 사람이 행복할 확률은 행복한 사람이 성공할 확률보다 훨씬 낮다.

우리의 인생을 되돌아보면 대개 스스로 정한 기준이 아니라 다른 사람들의 기준을 따르며 살아왔다는 것을 느끼게 된다. 나만의 독창적인 아이디어로 만족감과 열정을 느낀 적은 별로 없었다. 하고 싶은 일을 하는 사람이 성공할 확률은 50%이다. 그러나 하기 싫은 일을 억지로 하는 사람이 성공할 확률은 제로이다.

　　　　　　　리더의 아침을 깨우는 인문학 산책

역사탐방

우리 역사를 유심히 살펴보면 흥미로운 현상 하나를 발견할 수 있다. 바로 임금 이름을 외자로 지었다는 것이다. 예를 들어 세종 이도(李祹), 세조 이유(李瑈), 성종 이혈(李娎) 등이다. 그 이유를 아는가? 중국 5천 년 역사에서 가장 위대한 모사(謀士: 우두머리를 돕는 전략가)는 누구일까?

중국 역사에서 강우량 400㎖의 비밀을 아는가? 지리적으로 400㎖가 넘는 지역은 비옥한 중국 땅이었고 그 이하면 척박한 오랑캐 나라로 남아 있다. 강우량 400㎖를 기준으로 중국과 오랑캐, 문명국가와 야만국가로 나뉜다. 중국 역사는 한마디로 이 둘 사이에 벌어지는 끊임없는 투쟁의 역사이다.

지금부터 600년 전, 인구 20만 명의 한성은 남산, 북악산, 낙산, 인왕산 등의 내사산(內四山)에 의해 작은 원을 그리며 둘러싸여 있었다. 그 작은 원을 둘러싸는 큰 원에는 관악산, 북한산, 용마산, 덕양산 등의 외사산(外四山)이 자리하고 있다. 서울의 사대문 안에는 종각을 제외하면 대부분 초가집이었고 그 외에는 과수원과 무밭, 배추밭, 파밭, 수박밭 등이 주거 지역보다 더 넓게 자리 잡고 있었다. 숭례문에서 까치발을 하고 둘러보면 끝없이 펼쳐진 초가집이 바다를 이루는 가운데 동대문이 빤히 보였다. 시나브로 사라지는 역사의 현장을 살펴보자.

1. 역사에서 기피해야 하는 이름과 본받고자 하는 이름

우리 역사를 유심히 살펴보면 흥미로운 현상 하나를 발견할 수 있다. 바로 임금 이름을 외자로 지었다는 것이다. 고려왕조의 경우 475년간 34대 국왕이 등극했는데 모두 외자 이름이었다. 1대 태조 建, 2대 혜종 武, 3대 정종 堯, 4대 광종 昭 등이다.

계대	묘호	이름
1대	태조	건(建)
2대	혜종	무(武)
3대	정종	요(堯)
4대	광종	소(昭)
5대	경종	주(冑)
6대	성종	치(治)
7대	목종	송(訟)
8대	헌종	순(詢)
9대	덕종	흠(欽)
10대	정종	형(亨)

고려왕조 이름

리더의 아침을 깨우는 인문학 산책

조선의 경우 3대 태종 방원, 6대 단종 홍위를 제외한 나머지 25명의 국왕 이름이 모두 외자이다. 이씨조선이므로 성은 모두 이씨이고 이름은 한 글자로 작명했다. 세종 이도(李祹), 세조 이유(李瑈), 성종 이혈(李娎) 등이다. 태조 이성계와 2대 정종 이방과는 조선 건국 이전에 지은 이름이므로 두 자였다. 그러나 조선을 건국한 이후 태조는 성계에서 단(旦)으로, 정종은 방과에서 경(曔)으로 각각 바꿨다. 평범한 왕족으로 강화도에서 평민처럼 살았던 강화도령 이원범은 철종으로 즉위하자 외자인 변(昪)으로 개명했다. 그리고 원래 이름이 이명복이었던 고종은 왕위에 오르자 역시 희(熙)로 변경했다.

그렇다면 역대 국왕들이 이름을 외자로 한 이유는 무엇일까? 국왕들이 이름을 외자로 한 이유는 바로 백성을 사랑하는 마음 때문이었다. 백성들의 입장에서 황제나 임금, 옛 성현의 이름을 피해야 했던 기휘(忌諱)제도는 불편하기 짝이 없었다. 예로부터 중국에서는 임금이나 집안 어른들의 이름을 입에 올리거나 또는 그 이름을 따서 작명하는 것을 삼갔다. 이것을 '기휘(忌諱)'라고 한다. 백성의 성함이 임금의 이름과 같은 경우 모두 개명해야 하는 촌극이 벌어졌다. 중국의 당태종 이세민이 고구려의 집권자 淵蓋蘇文을 泉蓋蘇文이라고 부른 것은 연개소문의 성씨가 제 아비인 당고조 李淵의 이름자 淵과 같다고 하여 이를 기휘(忌諱)하고자 비슷한 뜻의 글자인 천(泉)으로 바꾼 것이다. 삼국사기에도 연개소문을 천개소문으로 기록하고 있다. 그 영향으로 우리나라 대구의 지명이 대구(大丘)에서 대구(大邱)로 바뀌었다. 언덕 구(丘)자가 공자의 이름이기 때문에, 성현의 이름을 감히 지명으로 쓸 수 없다고 해서 땅이름 구(邱)자로 고쳤다. 원래 달구벌의 한자 이름이었던 대구(大丘)는 결국 순조시대 이후 공자의 이름을 범했다는 이유로 고유의 이름을 잃고 말았다.

그러니 역대 임금들은 자신의 이름을 지을 때 한 자라도 줄여서 백성들의 불편을 없애려고 했다. 그나마 외자도 거의 사용하지 않거나 희귀한 글자로 작명함으로써 백성들이 개명하는 일이 없도록 배려했다. 세종 이도(李祹), 세조 이유(李瑈), 성종 이혈(李娎) 등을 한자사전에서 찾아보면 얼마나 희귀한 글자인지를 금방 알 수 있다.

이와 같이 기피해야 하는 이름이 있는 반면 본받아야 하는 이름도 있다.

중국 5천 년 역사에서 가장 위대한 모사(謀士: 우두머리를 돕는 전략가)는 누구일까? 우리는 『삼국지』의 제갈량을 떠올릴 수 있을 것이다. 제갈량과 『삼국지』 장수 관우의 사당이 서울 남산과 동묘에 각각 있다는 사실을 아는 사람이 의외로 드물다.

그러나 중국과 조선의 역대 황제나 왕들은 자신이 아끼는 모사를 부를 때 중국 역사상 가장 위대한 모사인 장자방의 이름을 본따서 오지자방(吾之子房: 나의 자방)이라고 불렀다.

이는 중국 천하를 통일한 한나라 유방이 자신의 모사인 장량을 일러 한 말이다. 그의 행적은 사마천의 『사기』에 기록돼 있다.

장량

『삼국지』의 조조는 모사 순욱에게 "내가 그대를 얻은 것은 한고조가 장자방을 얻은 것과 같다"라고 말했다. 장자방의 이름은 소설 『삼국지』에 등장인물만큼이나 빈번하게 거론된다. 명나라 태조 주원장도 자신의 건국대업에 결정적 책략을 제공한 모사 유기를 나의 자방이라 일컬었다. 조선시대 세조는 왕위 찬탈에 큰 역할을 한 한명회를 나의 자방이라고 했다. 제갈량은 장자방을 자신의 롤모델로 삼았고 그를 '제왕의 스승'이라고 말했다. 장량은 자신의 주군 유방을 도와 천하를 쟁취했지만 제갈량은 천하통일의 꿈을 이루지 못하고 오장원 진중에서 세상을 떠났다.

리더의 아침을 깨우는 인문학 산책

2. 강우량 400㎖의 비밀

  중국 역사는 한마디로 이 둘 사이에 벌어지는 끊임없는 투쟁의 역사이다. 중국은 유목민족의 위협에 대비해 진시황 때부터 성을 쌓기 시작했는데 이것이 만리장성이다. 인공위성에서 흰 띠로 나타나는 6,400㎞의 만리장성의 궤적을 따라가보면 정확히 400㎖ 강우량선과 일치한다.

6,400㎞의 중국 만리장성

코로나가 유행하기 직전 광화문에 나갔을 때, 눈을 의심하게 하는 중국인들의 시위 행렬을 본 적이 있다. 여기가 북경인가 눈을 의심할 정도로 형형색색의 현수막과 트럭을 앞세우고 수천 명의 중국인들이 한국의 심장부 광화문 네거리에서 행진하는 광경이었다.

현재 우리나라의 주요 도시마다 차이나타운이 조성되어 있고 강남의 많은 아파트들이 중국인들의 손에 매매되고 있다. 강원도에 한중 문화타운을 조성한다는 뉴스에, 이를 반대하는 청와대 청원글에 65만 명의 사람들이 호응했다.

중국은 이미 동북공정으로 우리의 역사와 문화를 왜곡시켜 왔다. 앞으로 반일감정이 아니라 반중감정이 더욱 거세게 일어나리라고 예상된다.

시진핑은 팍스 아메리카나(Pax Americana)에 도전하며 과거 중화(中華)의 영예를 재현하려 하고 있다. 신(新)실크로드라 불리는 '일대일로(一帶一路)'와 진시황(秦始皇) 이래 중국 대륙을 장악했던 역대 황제들의 반열에 오르려고 중국몽(中國夢)을 시도하고 있다.

거대한 중국의 국토를 면밀히 살펴보면 연간 강우량 400㎖ (15인치)이상인 지역에서만 농경이 가능하다. 그 이하면, 초보식물의 생장만 가능한 척박한 땅이다. 중국의 전통관념은 자기 나라가 세계의 중심이고 그 외 나라는 오랑캐라는 화이사상(華夷思想)에 기본을 두고 있다.

강우량 400㎖의 비밀이 여기에 있다. 역사적으로 400㎖가 넘는 지역은 중국 땅이었고, 그 이하면 오랑캐 나라로 남아있었음을 알 수 있다. 중국과 오랑캐를 구분하는 것은 바로 문명국가와 그 주변 지역인 야만국가로 나눈다는 것을 의미한다.

척박한 땅에 사는 북방 이민족은 겨우 풀을 뜯어먹고 사는 동물에만 의지해 살아갔으므로 유목민족이라 불린다. 징기즈칸의 몽골민족과 흉노, 거란 등이 대표적인 유목민족이다. 이들은 항상 식량부족이라는 현실에 직면하게 되자 중국을 습격하여 곡식과 물자를 약탈해갔다.

베이징(북경)은 원·명·청 대를 거쳐 현재까지 수도의 지위를 잃지 않고 있다. 베이징의 지형은 용이 서리고 호랑이가 웅크린 자세로 형세가 웅위롭다. 남으로는 장강을 제압하고 북으로는 쑹화강 평원과 사막 지역으로 이어지고 있다. 중국 황제는 사통팔달의 중앙에 거하고 사방으로부터 조공을 받게 된다.

베이징은 400㎖ 강우량선 바로 밑에 위치한다. 북쪽의 이민족은 베이징의 방어선만 돌파하면 파죽지세로 남쪽까지 밀고 내려갈 수 있다. 따라서 중국의 여러 왕조들은 베이징을 수도로 삼고 적에 대한 경계를 늦추지 않고 방어 역량을 강화해나갔다.

　만리장성은 많은 장정들이 강제로 끌려와 평생 고역에 시달려 죽었던 슬픈 역사로 남아 있다. 그러나 그렇게 완성된 만리장성이 오랑캐를 물리치는 역할을 한 적이 단 한 차례도 없다는 사실이 드러났다. 이 민족은 뇌물을 주고 만리장성을 자유롭게 드나들었기 때문이다.

리더의 아침을 깨우는 인문학 산책

3. 신앙의 대물림 법칙

토마스 풀러는 구약 시대의 3천 년에 걸친 왕조를 분석했다. 우리가 생각하는 상식은, 하나님을 잘 섬겼던 왕의 아들은 그대로 신앙을 전수받아 하나님을 경외하는 왕이 될 것이라는 것이었다. 그러나 이러한 예상은 완전히 깨어졌다. 성경에 기록된 네 가지 케이스를 증거로 내놓았다.

첫째, 악한 아비에게서 악한 아들이 나왔다. 르호보암과 그 아들 아비야는 둘 다 하나님을 거역한 왕이었다.

둘째, 악한 아비가 선한 아들을 낳았다. 아비야는 하나님을 불순종했지만 아들 아사는 하나님을 잘 섬겼다.

셋째, 선한 아비가 선한 아들을 낳았다. 아사는 하나님을 잘 섬겼고 아들 여호사밧도 훌륭한 모범을 보였다.

넷째, 선한 아비가 악한 아들을 낳았다. 하나님을 잘 섬겼던 여호사밧의 아들 요람은 불량한 아들이었다.

선한 아비들의 신앙이 아들에게 전수되지 않는 것과 같이 불량한 자의 성품도 그대로 아들에게 전수되지 않는다는 사실이 밝혀졌다. 오늘날 현실도 마찬가지다. 모범적인 신앙을 가진 가정에서 어떤 자식이 나올지는 예측할 수 없다.

입시철이 다가오면 교회마다 수능 보는 자녀들을 위한 다니엘 기도회가 연례행사처럼 열린다. 미지근한 신앙을 가진 크리스천들도 이때만큼은 구름떼같이 기도회에 모인다. 그러나 입시가 끝나고 합격자 발표가 있은 후 응답받지 못한 신자들 중 일부는 교회에 모습을 드러내지 않는 경우가 많다.

특정 은혜를 받기 위해 열심히 기도하고 나서 그것이 이루어지지 않으면 믿음을 저버리고 냉소적이 되거나 심지어 교회를 떠난다. 이들은 기도를 어떤 마술적인 불가사의한 힘이라고 믿는다.

기도의 믿음(Faith of prayer)**과 믿음의 기도**(Prayer of Faith)**는 큰 차이가 있다.**

우리가 믿는 믿음의 대상이 기도 자체인가, 아니면 하나님이신가에 따라 둘은 구분된다. 기도의 믿음을 가진 자는 기도에만 치중한 나머지 기도하고 있는 대상인 하나님께는 관심이 부족하다. 이들은 하나님으로부터 자기가 원하는 것을 빠르게 얻어내고자 한다. 그러나 자기가 원하는 것을 얻지 못하면, 마치 문제에 봉착한 우상숭배자들이 섬기던 우상을 때려부수는 것과 같이 하나님께 대한 믿음을 저버린다.

그러나 믿음의 기도는 우리의 필요를 채워주시는 분은 하나님이시며 모든 것이 그분의 손안에 있다는 사실을 깨닫는다. "하늘이 땅보다 높음같이 내 길은 너희 길보다 높으며 내 생각은 너희 생각보다 높으니라(사 55:9)." 하나님은 우리의 생각보다 크시며 우리의 유익을 위해 일하신다는 사실을 알아야 한다.

어린이가 칼을 달라고 조르면 그것을 줄 부모가 어디 있겠는가. 그래서 기도의 응답은 'Yes, No, Wait, Another'의 네 가지 형태로 나누어진다. 구하는 것이 하나님의 뜻에 부합하다면 즉각적인 응답(Yes)이 오겠으나 정욕으로 구하는 경우 거절된다(No). "구하여도 받지 못함은 정욕으로 쓰려고 잘못 구하기 때문이라(약 4:3)." 나머지 두 가지 형태는 Wait와 Another이다.

우리의 생각보다 크신 하나님은 지금 당장 응답하는 것보다 좀 더 시간이 지난 후에 응답하는 것이 좋다면 기다리게 하신다. 그리고 우리가 구하는 것보다 더 좋은 것이 있다면 다른 것으로 채워주신다. 기도는 네 가지 응답 중 어떤 경우든 우리의 유익을 위한 것이 된다. "우리가 알거니와 하나님을 사랑하는 자 곧 그 뜻대로 부르심을 입은 자들에게는 모든 것이 합력하여 선을 이루느니라(롬 8:28)."

나애심은 1950~1960년대 활동했던 대중가수이자 배우였으며 이국적인 외모와 탁음이 섞인 허스키한 목소리로 큰 인기를 누렸다. 말년에 모든 연예활동을 중단하고 신앙생활에 전념했다. 그런데 나애심은 하나님께 기도할 때 항상 자신의 주소와 성명을 기도 첫머리에 넣고 기도했다. 그렇지 않으면 하나님이 누구의 기도인지 구별할 수 없으리라고 생각했다.

그래서 "하나님 아버지 저는 서울시 성북구 종암동 23-5번지 나애심입니다"라고 한 후 기도했다. 그녀는 하나님이 전지전능하신 분이라는 사실을 알지 못했다. 모든 것을 아시고 모든 능력을 가지신 전지전능하신 하나님께는 주소와 성명을 댈 필요가 없다.

4. 장진호(湖) 전투와 흥남철수작전

혹한의 장진호 전투 생존 미군 병사

인천상륙작전을 성공리에 마친 유엔군과 국군은 내친김에 북진을 시작했다. 그러나 압록강변에 다다랐을 때 중공군의 개입으로 전세는 급전직하로 반전되었다.

1950년 11월 27일 장진호 주변에 포진한 미 제1해병사단은 인해전술로 밀고 내려온 12만여 명의 중공군에게 포위되어 있었다. 낮에는 영하 20도, 밤에는 영하 30도의 혹한에서 전투를 거듭한 제1해병사단은 40㎞의 호수 빙판길을 헤치고 장진호 주변의 고토리라는 작은 마을에 진입할 수 있었다.

11월 30일 오후부터 살을 에는 듯한 강추위와 함께 몰아친 눈보라는 밤이 되도록 그칠 줄을 몰랐다. 중공군의 포위망을 뚫지 못하면 1만 명의 해병은 몰살할 위기에 처했다. 북진을 계속하며 크리스마스는 고향에서 보내리라는 희망을 심어주었던 맥아더는 물밀듯 쳐내려오는 중공군, 그리고 또 다른 복병이었던 동장군 앞에서 퇴각을 명할 수밖에 없었다.

동해의 흥남부두 외에 다른 길은 없었다. 유엔군사령부는 장진호에서 철수해 함흥, 흥남 지역으로 집결하라는 명령을 내렸다. 해병1사단장은 전 부대원에게 전심으로 하나님께 날씨가 개도록 기도하라고 명령했다. 리차드 케리 장군은 "그날 밤은 섭씨 영하 30도로 엄청난 강추위가 몰아쳤고 눈보라로 전투기 공격작전이 어려웠다. 전 해병대원이 전심으로 하나님께 눈보라가 그치고 날씨가 맑아지도록 기도했다. 그러자 얼마 안 되어 거짓말처럼 하늘이 열리며 큰 별이 빛나는 게 아닌가. 도저히 포위망을 뚫을 수 없을 것 같았을 때, 갑자기 눈보라가 멈추고 하늘이 열렸다. 그리고 영롱한 별이 빛나기 시작했다"라고 말했다.

해병대원들은 감격의 함성을 질렀고 용기백배하여 중공군의 포위망을 뚫을 수 있었다. 장진호전투를 기리는 기념비엔 특별한 별 장식이 달려 있다. 바로 '고도리의 별(Star of Kodori)'이다. 미 해병대원에게 '기적의 별'로 통하는 고도리의 별은 장진군 고토리(古土里)에서 숫자가 10배나 많은 중공군에 둘러싸인 절체절명의 위기에서 밝은 별이 뜨면서 포위망을 극적으로 뚫은 것을 기념한 것이다.

하늘이 개이자 공군 전폭기들이 날아와 해병1사단을 엄호했고 마침내 포위망을 뚫을 수 있었다. 이 전투로 중공군의 남하를 지연시켜 군인 10만 명, 민간인 10만 명의 역사적인 '흥남철수'가 이뤄질 수 있었다. 미국에서 출간된 한국전쟁에 관한 다수의 책 가운데는 반드시 장진호(Chosin Reservoir) 전투가 상세하게 설명되어 있다.

흥남철수 직후 폭파되는 흥남부두

　북한 주민들은 유엔군을 따라서 자유세계로의 탈출을 시도
했다. 원래 흥남철수작전은 유엔군과 국군 10여 만 명을 철수
시키기로 되어 있었다. 그런데 10만 명에 달하는 북한 피난민
이 몰려들자 자신들의 철수를 지연시키면서까지 북한 주민들
을 배에 승선시켰다. 거제도까지 세 시간에 걸친 항해는 하나
님의 손길이 함께하지 않았으면 도저히 불가능한 기적적인 결
과를 가져왔다.

　배에는 마실 물도, 식량도 없었고 화장실도 설치되지 않았
다. 그러나 한 명의 사상자도 없었고 그 와중에 다섯 명의 아
기가 탄생했다. 미군은 수송선에서 태어난 아기들의 이름을 김

　　　　　　　　　리더의 아침을 깨우는 인문학 산책

치(Kimchi)라는 호칭과 함께 순서에 따라 김치1부터 김치5까지 차례로 이름을 붙였다. 미국 화물선 메러디스 빅토리호의 선장인 레너드 라루 선장은 "하나님의 손길이 우리 배의 키를 잡고 계셨다"고 회고했다.

5. 추억의 단편들: 서울의 옛 모습

　한성은 500여 년 넘게 원형 그대로의 모습을 유지하고 있다.
종각에 걸린 종은 하루 두 번 정기적으로 타종했다. 그리고 도
성 내에서 화재가 발생하면 긴급하게 치게 된다. 밤 10시에 28
번 치는 종은 도성의 문이 닫히는 신호이고, 새벽 4시에 33번
치는 종소리는 통행금지를 해제하는 신호다.

복원되어 남겨져 있는 현재의 서울 성벽

리더의 아침을 깨우는 인문학 산책

지금부터 600년 전, 인구 20만 명의 한성은 남산, 북악산, 낙산, 인왕산 등의 내사산(內四山)에 의해 작은 원을 그리며 둘러싸여 있었다. 그 작은 원을 둘러싸는 큰 원에는 관악산, 북한산, 용마산, 덕양산 등의 외사산(外四山)이 자리하고 있다.

서울의 사대문 안에는 종각을 제외하면 대부분 초가집이었고 그 외에는 과수원과 무밭, 배추밭, 파밭, 수박밭 등이 주거 지역보다 더 넓게 자리 잡고 있었다. 숭례문에서 까치발을 하고 둘러보면 끝없이 펼쳐진 초가집이 바다를 이루는 가운데 동대문이 빤히 보였다.

한성 옛 모습

한성의 중심가를 가로지르는 청계천을 사이에 두고 북촌과 남촌의 촌락이 옹기종기 들어서 있었다. 청계천은 원래 자연 하천이었는데 여름 장마철이 되면 도심의 불어난 물이 남산에 가로막혀 한강으로 빠져나가지 못하고 항시 범람하여 홍수 피해를 가져왔다.

이를 막기 위해 태종은 대규모 준설공사를 시작하여 광교로부터 동대문에 이르는 인공 하천인 청계천을 건조했다. 그 결과 장마 때 불어난 물은 중랑천을 거쳐 한강으로 빠져나가게 되었다. 1392년 조선을 세운 이성계는 2년 후 개경에서 한성으로 도읍을 옮겼다.

날이 저물면 거리의 사람들은 하나둘 지친 몸을 이끌고 집으로 돌아간다. 상점은 가게 문을 닫고 장사꾼들과 행상들은 각자 목판을 들고 사라진다. 집집마다 밥 짓는 연기가 피어오르고 저녁시간이 지나면 어두운 거리에는 불빛이 보이지 않는다.

한성의 큰 고개로 불리는 만리재를 중심으로 왼쪽은 용산, 오른쪽은 마포가 자리 잡고 있다. 조선시대에는 피부색으로 마포 사람과 왕십리 사람을 구별했다고 한다. 마포 사람은 얼굴이 까맣고 왕십리 사람은 목덜미가 까맣게 탔다. 마포 사람은 서쪽에서 해를 안고 아침부터 새우젓 지게를 지고 성안으로 들어간 연고로 얼굴이 탈 수밖에 없었다. 그러나 왕십리 사람은 채소밭에서 거둔 채소를 수레에 싣고 해를 등진 채 도성 안으로 갔으니 목덜미가 타는 것은 어쩔 수 없었을 것이다.

용산 지역에는 주로 유기제품을 만드는 장인과 도제들이 몰려 살고 있었다. 이들은 놋그릇을 만들고 각종 옹기와 기와를 구워내는 일을 전문으로 하는 사람들이다. 온종일 매캐하고 자욱한 잿빛 연기 속에서 열심히 작업에 몰두한다. 한강 나루터 주변에는 얼음 창고가 늘어서 있다. 서빙고와 동빙고 나루터는 항상 사람들로 장사진을 이루고 있었다. 겨울철이면 한강 상류에서 얼음을 채취해 여름철에 비싸게 내다파는 상인들이 자리하고 있었다.

세종은 친형인 양녕대군에게 항상 마음의 짐을 지고 있었다. 조선시대의 왕위세습은 장자우선 원칙인데 이를 어기고 삼남인 자신이 왕위에 올랐기 때문이다.

그래서 여름이 되면 매일 얼음 한 덩이를 양녕대군에게 하사했다고 한다. 냉장고가 없던 시절에 일반 평민은 감히 누릴 수 없는 특전이었다.

입춘 전 한강은 120~150㎝ 두께로 얼음이 언다. 이 얼음을 떼어내어 서빙고와 동빙고의 얼음 창고에 보관해 두었다가 봄과 여름에 사용했다. 동빙고 얼음은 궁중 제사 때 사용했고, 서빙고 얼음은 궁중의 대소사 때 사용되었다. 신라시대에는 석

빙고가 이러한 역할을 했다.

마포나루는 새우젓과 소금으로 유명하고, 한성에 필요한 곡물과 어물류를 공급하던 가장 중요한 포구였다. 전국의 배들이 황포돛대를 달고 드나들었고 한강변을 따라 어촌이 형성되어 있었다.

하루 일과가 끝나면 종일 고된 일에 지쳐 있던 일꾼들은 주막집과 선술집에 삼삼오오 모여들어 시끌벅적하게 막걸리를 들이키는 모습이 일상사였다. 최근까지 남아 있던 '마포대포집'은 추억을 회상케 한다. 역사의 뒤안길로 안개가 사라지듯 시나브로 스러져가는 서울의 풍경을 추억의 한 공간에서 더듬어 보게 된다.

6. 난지도의 천지개벽

난지도 하늘공원

지금 하늘공원과 노을공원이 있는 상암동 일대는 '난지도(蘭芝島)'라고도 불린다. 김정호는 대동여지도에서 난지도를 꽃이 피어 있는 섬이라는 뜻의 '중초도(中草島)'로 기록했다.

조선 후기 지리서인 『택리지』도 난지도를 사람이 살기 좋은 곳으로 기록하고 있다. 난지도는 '난초(蘭)와 영지(芝)가 자라던

섬'이었다. 그 형세는 오리가 물에 떠 있는 모습이라고 해서 오리섬(鴨島, 압도)으로도 불렸다.

난지도는 인근 홍제천과 모래내에서 떠내려온 고운 모래들이 지금의 성산동인 금성펄에 쌓여서 100여만 평의 모래섬으로 이루어진 곳이다.

조선 후기 산수화가로 이름난 겸재 정선은 이 일대 한강의 모습을 '금성평사'라는 그림에 담았다. 이 그림은 멀리 와우산, 노고산, 남산, 선유봉이 포근하게 금성펄을 둘러싸고 있고 버들가지 사이로 한가로이 고깃배가 떠 있는 아름다운 한 폭의 동양화다.

난지도는 조선시대부터 양반들의 놀잇배가 뜨고 대는 곳이었고, 해방 후까지도 이런 아름다운 풍경을 구경하러온 여행객들로 장사진을 이루었다. 1960~1970년대까지만 해도 서울시민들의 이름난 신혼여행지였으며 포플러나무가 늘어선 길은 연인들이 자주 찾는 데이트코스였다.

난지도에서는 기름진 땅 덕분에 주민들이 풍족한 삶을 살았다. 물이 맑고 깨끗하며 동식물의 먹이가 풍부해서 해마다 수만 마리의 각종 희귀 철새가 도래하는 축복받은 땅이었다. 우리나라 수수 빗자루의 70%, 땅콩의 30%가 난지도에서 생산되었다. 난지도의 주민들은 땅콩과 수수 농사를 지으며 평화롭고 풍족한 삶을 살아갔다.

　그러나 아름답고 풍족했던 난지도는 1978년 쓰레기매립장으로 지정되면서 천지개벽의 변화를 겪어야 했다. 그 후 15년 동안 서울의 생활쓰레기, 연탄재, 건설폐자재, 산업폐기물 등 서울의 모든 쓰레기를 매립하는 장소로 변했다.

　아름다운 섬 난지도는 쓰레기로 만들어진 높이 90m의 밋밋한 산 두 개로 바뀌었다. 이러한 환경의 변화에 따라 기름진 땅에서 풍족한 농사를 짓고 살던 주민들은 졸지에 쓰레기를 줍는 넝마주이로 신분이 바뀌었다.

　인구 천만 명에 달하는 서울에서 배출되는 엄청난 양의 쓰레기로 인해 악취, 먼지, 파리가 많아 삼다도(三多島)라 불릴 정도로 환경은 최악이었고, 매립된 쓰레기에서 메탄가스와 같은 유해가스가 발생하여 크고 작은 화재가 발생하게 되었다고 하니 그 당시 난지도의 암울한 상황을 짐작할 수 있다.

　그런데 이러한 난지도가 또 한 번 천지개벽을 겪게 되었다. 서울시가 1993년부터 이곳을 생태공원으로 만들기 시작하면서 쓰레기 산 위에 여러 겹의 흙을 덮어서 더러운 모습을 감추었다. 쓰레기 더미에서 배출되는 유해가스는 곳곳에 가스배출

파이프를 연결하여 상암경기장의 난방 연료로 재활용되고, 침출수는 여러 단계의 정화 과정을 거쳐서 한강으로 보내졌다.

난지도 쓰레기 매립장

하늘공원, 노을공원, 난지천공원이 문을 열었고, 상암경기장에서 월드컵 경기가 열리면서 난지도는 '생태공원'으로 탈바꿈했다. 자연의 놀라운 치유력은 맹꽁이, 이중박새, 원앙, 꾀꼬리, 황조롱이를 불러들이고 메타세콰이어 숲길은 어느 울창한 산의 숲길에 뒤지지 않는다.

은빛 억새 축제는 서울에서 가볼 만한 축제로 발돋움했다.

리더의 아침을 깨우는 인문학 산책

죽음의 땅이라 불리던 난지도가 하루 수만 명이 찾는 아름다운 하늘공원으로 바뀌었다. 이렇게 자연을 회복한 난지도는 서울시민들의 휴식처가 되었다.

이와 같은 자연의 놀라운 치유력은 동식물에게만 주어진 것이 아니라 인간에게도 베풀어졌다. 「나는 자연인이다」라는 TV프로(MBN)는 깊은 산속에서 홀로 살아가는 자연인의 모습을 보여준다. 병원에서 치료가 불가능한 병을 가졌거나 정신적으로 힘든 상태로 숲에 들어온 자가 불과 얼마 되지 않아 건강을 완전히 회복하는 모습을 볼 수 있다.

난지도가 때묻지 않은 아름다운 낙원에서 출발하였지만 쓰레기 하치장으로 몰락하였다가 다시 친환경 동산으로 거듭난 것은 우리 인류의 모습과 유사하다.

에덴동산에서 하나님의 형상대로 창조된 인간은 낙원에서 모든 만물을 다스리고 지배하는 존재로 축복받은 삶을 살게 되었다. "하나님이 가라사대 우리의 형상을 따라 우리의 모양대로 우리가 사람을 만들고 그로 바다의 고기와 공중의 새와 육축과 온 땅과 땅에 기는 모든 것을 다스리게 하자(창 1:26)"라고 말씀하시며 또한 지면의 씨 맺는 모든 채소와 열매와 나무를 인간의 식물로 주셨다.

그러나 인간은 하나님 말씀에 불순종함으로 낙원에서 쫓겨

나고 저주를 받아 육체의 죽음과 질병의 고통과 해산의 고통을 받는, 약하고 불행한 존재로 전락하고 말았다.

아름다운 땅이었던 난지도가 쓰레기 더미로 바뀌어 악취와 먼지와 파리가 들끓는 저주의 땅으로 바뀐 것과 같이, 인간이 거주하는 환경도 저주를 받아 척박한 땅으로 변모하였다. "땅이 저주를 받고 종신토록 수고하여야 그 소산을 먹으리라 땅이 네게 가시덤불과 엉겅퀴를 낼 것이며 얼굴에 땀을 흘려야 식물을 먹고 필경은 흙으로 돌아가리라(창 3:17~19)"라고 하셨다.

이렇게 인간은 죄의 본성을 이어받아 과욕과 허영과 다툼과 증오의 악취가 나는 모습으로 살다가 결국은 흙으로 돌아가는 불행한 존재가 되고 말았다. 그러나 하나님은 복된 소식을 우리에게 주셨다. 우리의 추악한 모습을 의의 옷으로 가려주기 위하여 하나님의 아들 예수님이 2,000년 전 이 땅에 오셔서 십자가에 높이 달려 죽으시고 부활하셨다.

이를 믿는 자마다 하나님의 자녀가 되는 권세를 주시고 구원과 영생을 허락하시고 낙원으로 우리를 인도해주시겠다고 약속하셨다. 또한 이 땅에 사는 동안에는 "나의 하나님이 그리스도 예수 안에서 영광 가운데 그 풍성한 대로 너희 모든 쓸 것을 채우시리라(빌 4:19)"라고 약속하시어 본래의 모습으로 살게 하셨다.

삶의 역경을 두려워 말자

괴테는 "인간은 사회에서 여러 가지를 배울 수 있다. 그러나 영감을 얻는 것은 오직 고독에 의해서만 가능하다"라고 했다. 피카소는 "사색(Solitude)없이는 중요한 작품이 나오지 않는다"라고 말했다. 삶의 역경에서 만나는 절망적 순간들은 축복을 불러들이는 통로임을 깨닫는다. 가장 중요한 교육은 사색을 통해 스스로 배워야 한다. 다양한 능력이 요구되는 현실에서 가장 중요한 것은 생각하는 힘을 갖는 것이다.

1. 미켈란젤로의 천지창조

로마의 시스티나 성당의 천장에는 미켈란젤로의 유명한 프레스코화가 있다. 그 가운데 특이한 그림은 인간창조의 그림이다. 하나님이 손가락을 내미시고 아담이 하나님을 향해 손을 내밀고 있다. 그러나 자세히 보면 하나님과 아담의 손가락이 서로 접촉되지 않고 있다. 여기에 기독교의 중요한 의미가 내포되어 있다.

미켈란젤로의 천지창조

리더의 아침을 깨우는 인문학 산책

아메바를 절단하면 절단된 아메바는 다시 원래의 아메바로 재생된다. 그러나 하나님은 인간을 하나님의 연장으로 창조하지 않으셨다. 하나님과 인간은 동일체가 아니므로 인간을 하나님 자신의 바깥에 두셨다. 미켈란젤로는 이 그림을 그리면서 두 가지를 강조했다.

첫째, 인간은 하나님의 형상대로 지어졌지만 동일체는 아니라는 점을 강조하기 위해 하나님과 아담의 손가락이 서로 닿지 않도록 그렸다. 그림에서 왼쪽은 아담의 손, 오른쪽은 하나님의 손이다.

둘째, 인간과 하나님은 서로를 갈망하고 있다는 점을 보이기 위해 상대방을 향하여 손을 내밀고 있다. 여기서 하나님이 인간보다 더 적극적인 모습으로 다가가려는 의지를 엿볼 수 있다. 하나님이 아담을 부르자 아담은 마지못해 힘없이 손을 내밀고 있는 듯한 자세를 취하고 있다.

성경에서는 이를 뒷받침하고 있다. "**사랑은 여기 있으니 우리가 하나님을 사랑한 것이 아니요 하나님이 우리를 사랑하사**"라고 요한1서 4장 10절에서 말씀하고 있다.

기업의 평균 수명이 20년도 채 되지 않는 현실에서 인류 역사상 2,000년 이상의 역사를 지닌 조직이 바로 교회이다. 이렇게 오랜 세월 동안 지구상에 살다가 간 수십억의 인간들이 그 것을 믿었다는 사실을 본다면 교회에는 분명한 진리가 있을 것이라는 합리적인 생각을 가질 수 있다. 만일 교회가 가르치는 교리가 가짜였다면 어떻게 이토록 오랜 세월 동안 수많은 사람들을 속일 수 있었겠는가. 링컨은 "모든 사람을 잠깐 속일 수 있고 소수의 사람을 오랫동안 속일 수는 있지만, 모든 사람을 영원히 속일 수는 없다"고 말했다. 오늘날 교회의 교리를 전하기 위해 다양한 전도 방법이 개발되고 있다. 그러나 교회의 교리를 흔쾌히 받아들이는 일반인보다 거부하는 경우가 훨씬 많은 것을 부인할 수 없다. 그도 그럴 것이, 보이지 않는 하나님을 실존하는 인간에게 증명해 보이는 것은 매우 어려운 일이다. 17세기 프랑스의 철학자, 수학자, 신학자였던 파스칼은 명상집 『팡세』에서 천재 수학자답게 하나님을 믿는 것이 인간에게 분명 큰 이득이 된다는 것을 논리적으로 증명했다.

'하나님이 존재한다면 왜 이 세상에 악이 존재하는가', 또한 반대로 '하나님이 존재하지 않는다면 왜 이 세상에 선이 존재하는가'하는 물음은 우리에게 항상 의문과 회의를 가져다준다. 그렇다면 과연 하나님의 존재를 믿는 것이 옳은가, 아니면 하나님의 존재를 믿지 않는 것이 옳은가? 이 질문에 대한 명쾌한 해답을 프랑스의 수학자이며 신학자인 파스칼이 그의 저서

『팡세』에서 보여주고 있다.

피스칼

    파스칼은 확률을 공부하다가 어떻게 하면 사람들이 신의 존재를 믿게 할 수 있을지에 대해 좋은 방법을 생각해냈다. 하나님이 있는지 없는지 확률적으로 내기를 하면 된다. 내기에서 이기면 모든 것, 즉 천국을 보장받고, 지더라도 특별히 잃을 것이 없다면 하나님이 있다는 쪽에 일단 내기를 걸고 살자는 것이다. 그런데 내기에 거는 돈은 없고 단지 마음으로 믿는 것이 판돈이라면 이것을 안 할 사람만큼 어리석은 자가 있겠는가? 속된 말로 이기면 1조 원을 벌고, 지더라도 아무것도 잃을 것이 없는 내기가 있다면 이 내기를 하지 않을 바보가 있겠는가? 즉 밑져야 본전인 게임을 외면할 사람이 있겠는가? '파스칼의 내기'로 알려진 그의 설명은 다음과 같다.

파스칼의 내기

	하나님이 존재함	하나님이 존재하지 않음
하나님을 믿음	① 천국	② 아무 일도 없음
하나님을 믿지 않음	③ 지옥	④ 아무 일도 없음

교회의 교리는 하나님을 믿으면 천국이 보장되고 믿지 않으면 지옥으로 보내진다. 파스칼의 내기에서 가정은, 첫째, 하나님을 믿는다는 것은 마음으로 하는 것이기 때문에 어떤 금전적인 대가나 노력도 요구하지 않는다. 둘째, 인간은 하나님을 믿을 수도 있고 믿지 않을 수도 있다. 공평하게 각각의 확률을 50%로 둔다. 셋째, 하나님이 존재할 수도 있고 존재하지 않을 수도 있다. 이것도 공평하게 각각의 확률을 50%로 둔다. 세 가지 가정하에서 인간이 선택할 수 있는 케이스는 네 가지가 있다.

①	하나님을 믿었는데 하나님이 존재했다.	천국이 보장된다.
②	하나님을 믿었는데 하나님이 존재하지 않았다.	손해 볼 것도, 이득 볼 것도 없다.
③	하나님을 믿지 않았는데 하나님이 존재했다.	지옥으로 보내진다.
④	하나님을 믿지 않았는데 하나님이 존재하지 않았다.	손해 볼 것도, 이득 볼 것도 없다.

리더의 아침을 깨우는 인문학 산책

이 네 가지를 종합하면 첫째, 하나님을 믿으면 ①과 ②의 결과로서 천국이 보장된다. 혹은 손해 볼 것도, 이득 볼 것도 없다. 둘째, 하나님을 믿지 않으면 ③과 ④의 결과로서 지옥으로 보내진다. 그리고 손해 볼 것도, 이득 볼 것도 없다. 이 두 경우에 동일하게 주어지는, 손해 볼 것도 이득 볼 것도 없는 경우를 제외하면 하나님을 믿으면 천국을 보장받고 하나님을 믿지 않으면 지옥에 가는 경우만 남게 된다. **결론적으로 하나님을 믿는 것이 믿지 않는 것보다 훨씬 낫다.**

2. 인간의 저주와 하나님의 축복

2살 때 소아마비를 앓았으나 너무 가난하여 치료 시기를 놓쳤고, 그 후유증 때문에 앉은뱅이로 어린 시절을 보냈던 김인강이라는 아이가 있었다. 혼자 힘으로 설 수 없었기에 기어다녔다. 비료포대 위에 엎드려 한 손으로는 땅을 짚고 다른 한 손으로는 부대를 잡아끌며 흙바닥 위를 다니는 모습을 보고 사람들은 혀를 찼다. 보는 사람마다 이 아이는 곧 거지가 될 것이라고 생각했다. 부모는 새벽부터 과수원으로 일하러 나가고 형과 누나들이 학교에 가고 나면 홀로 방 안에 누워 있을 수밖에 없었다.

혼자 잠들다 깨어났을 때는 적막함과 침묵이 밀려왔다. 어린 마음에 고독이 무엇인지, 외로움을 어떻게 견뎌나가야 하는지를 스스로 터득했다. 친구라고는 어린 병아리들과 강아지들, 봄이면 찾아와주는 벌과 이름 모를 새들, 그리고 마당에 지천으로 피던 작은 꽃들이 전부였다. 벌레 한 마리를 잡아놓고 꼬꼬 하며 닭들을 불러모았다. 닭들은 이 아이를 전혀 경계하지 않았고 자기들과 같은 동료로 인정해주었다. 그도 그럴 것이 어미 닭은 하루 종일 지켜봐도 일어서지 못하고 마당을 기어다니며 벌레를 잡아다주는 인강이를 보아왔기 때문이다. 어미 닭은 그가 병아리들과 친하게 지내는 것에 개의치 않았다. 그러나 식구 중 누군가의 생일이 돌아오면 어머니는 닭을 잡아 밥상에 올렸다. 친구로 지냈던 닭이 밥상에 오르면 인강이는 슬퍼서 먹지 못했다.

인강이의 아버지는 고된 노동과 힘든 삶을 달래려고 저녁이면 술에 취해 가족들에게 폭력을 휘둘렀다. 두 다리가 성해도 살아가기 힘든 세상에 걷지도 못하는 자식을 보고 보나마나 거지가 될 수밖에 없다고 생각했다. 아들의 장애를 부끄러워하며, 술을 마신 날이면 "저런 쓸모없는 놈 지금 갖다 버려. 당장 땅에 파묻어버려"라며 폭력을 휘둘렀고, 어머니는 눈물로 지샜다. 몇 년이 흘러 9살이 되던 해 초등학교에 입학하려고 어머니 등에 업혀 교장실에 갔으나 혼자서는 서지도 못하는 모습을 보고 일언지하에 입학을 거절당했다. 차가운 날씨에 눈물을 흘리며 돌아오는 길에 어머니는 인강이의 언 발을 감싸주며 "아가야 춥지?"라며 따뜻하게 물었다. 어머니의 그 한마디는 쌓였던 가슴의 응어리를 포근하게 녹여주었다. 논산군 연무읍 마전리의 시골집에는 하루 종일 찾아오는 사람이라곤 갈

치 장수 아줌마와 우편배달부가 전부였다. 어머니는 그 사람들을 붙들고 땅이 꺼져라 눈물을 뿌리며 탄식했다. "이 녀석이 밥이나 먹고 살아야 할 텐데. 내가 죽고 나면 이 아이는 어떻게 하나." 그 말은 김인강의 마음과 영혼에 비수처럼 꽂혔다. 그때부터 밤마다 악몽에 시달렸다. 나선형의 깊고 어두운 구멍에 빠지는 꿈을 꾸다가 한밤중에 식은땀을 흘리며 깨어나곤 했다.

11세에 집을 떠나 재활원에 들어갔다. 인강이에게 주어진 당면과제는 앉은뱅이에서 벗어나는 일이었다. 두 가지 길이 있었다. 하나는 휠체어를 타고 평생을 살아가는 것이었다. 다른 하나는 굳은 다리를 펴고 보조기구를 연결하여 목발을 짚고 걷는 것이었다. 전자는 쉬운 길이었지만 후자를 선택하는 것은 형극의 길이었다. 후자를 선택했다. 10년 동안 앉아서만 지내다 보니 근육과 뼈는 오그라들어서 펴지지 않았다. 치료사 두 명이 붙들고 인정사정없이 무지막지한 힘으로 다리를 펴기 시작했다. 2년 동안 울고불고 소리를 지르는 고통의 시간을 보냈다. 드디어 김인강은 200만 년 전 최초로 직립보행을 한 인간종이었던 호모 에렉투스(homo erectus)로 태어났다. 인강이는 공부에서 늘 1등을 했고 선생님의 추천으로 대전중학교에 입학했다. 고등학교는 입학 연합고사에서 만점을 받아 장학금을 받고 충남고에 배정받았다. 다른 학생들은 밤늦게까지 학교에 남아 자율학습을 했지만 그는 일찍 귀가해 혼자 공부했다. 공부방이 없어서 TV 소리가 울리는 방 한구석에서 밥상을 놓고 공부를 했다. 공부만 한 것이 아니었다. 형과 누나들이 가지고 있던 『마지막 잎새』, 『어린 왕자』 그리고 한국 단편소설들을 닥치는 대로 읽었고, 『위대한 개츠비』, 『노인과 바다』를 영어 소설로 읽어나갔다. 지직거리는 고물 TV를 두드려가며 AFKN 뉴스를 청취했다.

언젠가 화학 시험을 보고 채점 답안지를 받아보니 오답처리된 문제가 아무래도 이상했다. 다시 풀어보니 오답이 정답이라는 확신이 들었다. 선생님과 토론 끝에 선생님이 "네가 맞다"라고 수긍하셨다. 그러나 이미 채점이 끝난 상태이므로 선생님은 김인강의 점수만 고쳐주겠다고 했다. "그건 공평하지 않습니다. 우리 학년 전체의 채점을 다시 해주세요"라고 주장했다. 선생님은 화를 냈지만 결국 다시 채점해서 모든 학생들의 점수를 바로잡았다.

김인강의 정의로운 마음은 병원에서 수술을 앞두고 응급실로 실려온 의료보호대상자를 병원이 매몰차게 쫓아냈던 사건에서도 나타난다. 어느 가장이 암에 걸린 부인을 업고 병원에 왔으나 병원에서는 접수조차 거절했다. 김인강은 의사에게 왜

저 위중한 사람을 치료해주지 않느냐고 물었다. "저 아줌마의 상태로 봐서 별로 가망이 없고 저런 환자가 병원에서 치료하다 죽으면 분명 병원비 떼먹고 몰래 도망가는 경우다"라고 말했다. 김인강은 끓어오르는 분노를 참을 수 없어 누워 있던 병상에서 주섬주섬 옷을 갈아입고 병원을 나와버렸다.

충남고에서 전교 1, 2등을 놓치지 않았다. 서울대학교 수학과에 입학했다. 다른 친구들은 술 마시고 미팅하느라 바빴지만 술, 담배, 미팅으로부터 자신을 소외시켰다. 어느 비오는 날 수업을 마치고 비를 흠뻑 맞으며 귀가하는 데 누군가 우산을 씌워주었다. 두 손으로 목발을 짚고 무거운 가방까지 걸쳤으니 비오는 날은 물에 빠진 새앙쥐 신세를 면할 수 없었다. "저는 이미 젖었으니 혼자 쓰고 가세요"라고 말했으나 그 누나는 끝까지 같이 가겠다고 우겼다. 그러면서 하나님에 대해 생각해본 적이 있느냐고 물었다. 기다렸다는 듯이 공격투로 대답했다. "아마 지금 옆에 계신 분보다 수백 번, 아니 수천 번은 더 생각했을 겁니다." 그 말은 거짓이 아니었다. 김인강은 자신의 존재와 살아야 하는 목적에 대해 셀 수도 없이 하나님께 물었던 것이다. 성경공부를 권하는 선배 누나의 인도로 이때부터 예수님을 알게 되었고 믿음생활을 하게 되었다.

서울대학교 3학년 초, 목발을 짚고 무거운 가방을 멘 채 너무 많이 걷다 보니 갈비뼈와 폐가 부딪쳐 폐에 큰 구멍이 났다. 의사는 당장 수술하지 않으면 폐가 파열되어 심장마비로 죽을 수 있다고 했다. 의사의 말은 귀에 들어오지 않았고 하나님은 왜 나를 이렇게 힘들게 하시는지 따지고 싶었다. 그래서 "저는 죽음이 두렵지 않습니다. 왜 이런 고통을 주시는지 하나님께 먼저 물어봐야겠습니다"라고 말하고 병원을 나왔다. 어머니와 같이 기도원에 올라가 한구석에 엎드려 기도하기 시작했다. 그의 입에서는 기도 대신 원망이 터져나왔다. "하나님 왜 나한테만 이렇게 가혹하신가요? 항상 아프기만 하고… 아무 쓸모없는 나 같은 자가 살아있는 게 하나님 당신과 무슨 상관이 있나요? 이것으로 족합니다. 이제 그만 날 데려가주세요." 치유된다는 소망도 없고 왜 내가 사는지에 대한 응답도 없었다. 나를 이렇게 만든 하나님이 불공평한 것 아니냐고 따지고 또 따졌다.

그때 문득 등 뒤에서 누군가의 찬송 소리가 잔잔히 들려왔다. "내 모습 이대로 주 받아주소서. 날 위해 돌아가신 주 날 받아주소서." 날선 검 하나가 심장 한가운데 들어와 박히는 듯했다. 갑자기 눈물이 터져나왔다. 빳빳하게 서 있던 자아가 툭하고 꺾이면서 회개가 터져나왔다. 울고 울고… 그리고 또 울었다. "이 사람아 네가 누구이기에 감히 하나님께 반문하느냐 지음을 받은 물건이 지은 자에게 어찌 나를 이같이 만들었느냐 말하겠느냐(롬 9:20)."

나처럼 연약한 이웃에게 희망을 주는 것이 자신에게 주신 하나님의 뜻임을 깨달았다. 한 해 동안 병상에 있다가 복학한 후 교수가 될 꿈을 가지게 되었다. 하나님은 병상에 누워 있는 동안 육신에 의지하지 않고 기도하는 법, 성경 읽는 법, 고통 가운데 찬양하는 법을 알게 하셨다. 그리하여 그는 사람 앞에 잘 보이고 세상 앞에서 명예롭게 살고자 하는 코람문도(Coram Mundo)의 삶보다는 오직 하나님의 선하시고 기뻐하시고 온전한 뜻을 구하는 코람데오(Coram Deo)의 삶을 살고자 했다.

"너희는 이 세대를 본받지 말고 오직 마음을 새롭게 함으로 변화를 받아 하나님의 선하시고 기뻐하시고 온전하신 뜻이 무엇인지 분별하도록 하라(롬 12:20)."

서울대를 전체 차석으로 졸업하고 미국 버클리대학으로 유학을 떠나게 되었다. 국내에서는 SK로부터 해외 장학금을 받았고 버클리대학에서는 학비 면제와 월 1천 달러의 생활비를 받게 되었다. 사람들은 어린 시절 앉은뱅이로 땅바닥을 기어다니던 김인강을 보고 장차 거지가 될 것이라고 저주했지만 하나님은 위대한 계획을 가지시고 찬란한 미래로 길을 열어주셨다. "그러나 하나님께서 세상의 미련한 것들을 택하사 지혜 있는 자들을 부끄럽게 하려 하시고 세상의 약한 것들을 택하사 강한 것들을 부끄럽게 하려 하시며 하나님께서 세상의 천한 것들과 멸시받는 것들과 없는 것들을 택하사 있는 것들을 폐하려 하시나니 이는 아무 육체도 하나님 앞에서 자랑하지 못하게 하려 하심이라(고린도전서 1:27~29)."

버클리대학은 미국에서 눈이 많이 오지 않는 지역에 있고 자유분방한 학풍을 가진 명문대학이다. 목발을 짚고 다녀야 하는 김인강으로서는 날씨가 중요한 변수였다. 나체주의자 학생이 강의실에 발가벗고 들어와 강의를 듣고, 매년 나체 마라톤대회가 개최되는 학교였다. 기숙사 복도에서는 여학생이 샤워실에서 아래만 가리고 불쑥 나와 뛰어다니는 모습을 보고 충격에 빠졌다. 김인강은 이러한 문화적 충격을 극복하고 위상수학 분야에서 강한 버클리대에서 박사학위를 받았다.

미국에서 공부할 때 아버지가 처음 미국에 오시게 되었다. 아버지에게 난생 처음 타는 비행기에서의 기내식은 그야말로 처음 먹어보는 특별식이었다. 한국인 스튜어디스에게 사정사정해서 기내식을 연거푸 두 번 먹었다. 세 번째 달라고 했을 때 거절당한 것은 당연했다. 한국인 스튜어디스가 다른 통로로 가고 외국인 스튜어디스가 지나가자 손짓 발짓 부탁해서 한 번 더 기내식을 먹었다고 한다.

그는 버클리대학에서 박사학위를 받고 국내로 돌아와 카이스트 교수와 서울대 교수를 거쳐 현재는 고등과학원(KIAS) 교수로 재직하고 있다. 2007년에는 40세 이하의 과학자에게 주는 '젊은 과학자상'을 받았다. 보통 학생이 일곱 살에 들어가는 초등학교에 입학조차 못하고 열한 살이 될 때까지 집에만 있다가 어머니 등에 업혀 재활원에 들어갔지만 하나님은 "**네 시작은 미약하였으나 네 나중은 심히 창대하리라**(요 18:7)"라는 말씀대로 그를 다른 어떤 사람보다도 앞세워주셨다. 카이스트 교수로 있을 때 병원에 입원해 있는 노쇠한 아버지를 주님께 인도하였다. 막노동에 자식들 뒷바라지하신 아버지의 영혼 구원을 위해 울부짖었다. 아버지는 가족들에게 상처를 준 것을 회개하고 하나님을 영접한 후 주님 품에 안기셨다.

일찍부터 사색에 길들여져 있고, 사색을 즐기며 살아가는 자는 금광을 얻은 자와 같다. 고아들이 세계 역사에서 두각을 나타낸다는 확실한 통계가 있다. 스위스의 한 정신의학자에 의하면 부모 잃은 고아가 세계에서 큰 역할을 담당하고 있다고 한다. 고통에 대한 경험은 생을 살아가는 데 놀라운 창조력을 발휘하고 뛰어난 역량으로 나타난다. 고아나 사생아 출신으로 알렉산더 대왕, 시저, 루이14세, 히틀러, 레닌, 스탈린, 모세, 마호메트, 사르트르, 공자, 루소, 데카르트, 파스칼, 다빈치, 바하, 루소, 까뮈, 단테, 톨스토이, 볼테르, 도스토예프스키, 오프

리더의 아침을 깨우는 인문학 산책

라 윈프리 등을 들 수 있다.

사색의 긍정적인 에너지(Solitude power)를 활성화하는 자는 내면으로부터 샘솟는 광채와 창의적인 에너지를 갖게 된다. 21세기형 아름다운 인간은 사색형 인간이다. 괴테는 "인간은 사회에서 여러 가지를 배울 수 있다. 그러나 영감을 얻는 것은 오직 고독에 의해서만 가능하다"라고 했다. 피카소는 "사색(Solitude) 없이는 중요한 작품이 나오지 않는다. 혼자라는 것은 절망의 시간이 아니라 창조를 위한 시간을 가지는 것"이라고 했다. 또한 릴케는 "당신은 당신의 사색을 사랑해야 한다. 가장 중요한 교육은 사색을 통해 스스로 배우는 것이다. 다양한 능력이 요구되는 현실에서 가장 중요한 것은 생각하는 힘을 갖는 것이다"라고 했다.

김인강은 가장 어린 나이에 스스로 고독 가운데 사색하는 방법을 배우게 되었다. 하나님은 놀라운 계획으로 그를 일으켜세웠다. 버클리로 유학 온 지 1년쯤 지났을 때 독일에서 첼로를 전공하는 자매와 편지로 교제하기 시작했다. 그 자매는 겸손하고 착한 마음을 가진 자매였다. 기쁠 때나 슬플 때나 5년간 편지로 서로의 심정을 위로하고 격려했다. 하나님과 가족과 주변 사람들의 축복을 받으며 결혼식을 올렸고 슬하에 남매를 두고 있다.

그는 이렇게 말했다. "세상이 나를 죄인 취급할 때 하나님은 나를 변화시키시며 당신이 하실 일을 계획하셨다. 나의 연약함이 하나님의 영광을 나타내는 질그릇이 되게 하신 것이며 나를 변화시켜 하나님의 이름과 선하심을 나타내려 하셨다."

리더의 아침을 깨우는 인문학 산책

3. 양파 한 뿌리의 선행

러시아의 대문호 도스토예프스키의 『카라마조프 가의 형제들』에 나오는 이야기다. 어느 마을에 이기적이고 마음이 사악한 여인이 있었다. 어느 날 이 여인이 죽게 되자 사탄은 주저없이 이 여자를 지옥불 속에 던져버렸다.

그런데 이 여인의 수호천사는 그녀가 지옥에서 벌을 받고 있는 것을 불쌍히 여겨 하나님에게 간청했다. "저 불쌍한 여인을 살려주십시오." 이에 하나님은 "그 여인이 생전에 착한 일을 한 가지만이라도 했다면 고려해보겠다"라고 답했다. 수호천사는 그녀가 생전에 했던 행위를 천국의 영상을 통해 돌려 보았다. 마침내 그녀가 했던 단 하나의 선행을 찾아냈다. 그녀가 농사를 지을 때 양파 한 뿌리를 캐서 지나가는 거지에게 던져준 일이 있었다.

그 이야기를 듣고 하나님은 "그 양파 한 뿌리를 그녀에게 던져주고 그것을 잡고 천국으로 오도록 하라"고 말했다. 수호천사의 호소에 하나님은 그녀에게 기회를 준 것이다. 수호천사는 양파 한 뿌리를 그녀에게 던져주었다. 수호천사는 그녀가 양파 뿌리를 잡고 나올 수 있도록 조심스럽게 잡아당겼다.

천사가 그녀를 거의 다 끌어올렸을 무렵 지옥의 불바다 속에 있던 많은 죄인들이 자신들도 살겠다며 그녀에게 달라붙기 시작했다. 그녀는 고함을 지르며 죄인들을 마구 발로 차서 떨어뜨렸다. "저리 가, 이것들아. 이 양파는 내 것이야!"

그녀가 발버둥치자 양파 뿌리는 끊어져버렸고 여인은 다시 불구덩이로 떨어지고 말았다. 그녀를 구원하고자 했던 천사는 눈물을 흘리면서 그 자리를 떠나갔다. 자신밖에 모르는 사악한 여인, 그런 여인마저 가엾게 여기는 수호천사, 그리고 단 한 번의 기회가 주어졌지만 결국 파국으로 치닫게 되었다는 이야기다.

이 여인의 유일한 선행은 양파 한 뿌리의 나눔이다. 성경 마태복음 25장에 보면 "내가 주릴 때에 너희가 먹을 것을 주었고 목마를 때에 마시게 하였고 나그네 되었을 때에 영접하였고 헐벗었을 때에 옷을 입혔고 병들었을 때에 돌보았고 옥에 갇혔을 때에 와서 보았느니라 이에 의인들이 대답하여 이르되 주여 우리가 어느 때에 주께서 주리신 것을 보고 음식을 대접하였으며 목마르신 것을 보고 마시게 하였나이까 어느 때에 나그네 되신 것을 보고 영접하였으며 헐벗으신 것을 보고 옷 입

리더의 아침을 깨우는 인문학 산책

했나이까 어느 때에 병드신 것이나 옥에 갇히신 것을 보고 가서 뵈었나이까 하리니 임금이 대답하여 이르시되 내가 진실로 너희에게 이르노니 너희가 여기 내 형제 중에 지극히 작은 자 하나에게 한 것이 곧 내게 한 것이니라(마 25:35~40)"라는 말씀이 있다.

양파 한 뿌리로 거지를 도와준 것이 곧 하나님에게 한 선행이 된다는 사실을 성경은 가르쳐준다. 만일 그 거지가 예수님이란 사실을 안다면 우리는 얼마나 더 큰 선행도 할 수 있지 않겠는가. 이 세상에서 보잘것없는 자에게 한 착한 일도 하나님을 감동시키며 그의 긍휼을 받을 수 있다는 교훈을 얻을 수 있다.

물론 구원은 우리의 선행으로 이루어지는 것이 아니다. 오직 예수 그리스도를 마음으로 믿고 입으로 시인하는 것으로 이루어진다. "네가 만일 네 입으로 예수를 주로 시인하며 또 하나님께서 그를 죽은 자 가운데서 살리신 것을 네 마음에 믿으면 구원을 받으리라 사람이 마음으로 믿어 의에 이르고 입으로 시인하여 구원에 이르느니라(롬 10:9~10)."

기독교의 사랑은 두 가지로 나누어지는데, 하나님을 향한 인간의 사랑과 인간을 향한 하나님의 사랑이다. 하나님에 대한 인간의 사랑에는 감정의 기복이 있으나 인간에 대한 하나님의 사랑에는 기복이 없다. 때때로 우리는 기도하는 것이 응답되지 않을 때 하나님을 불평하고 믿음을 저버리기도 한다.

크리스천은 하나님을 사랑해야 한다는 것을 설교를 통해서나 성경에서 많이 듣고 읽는다. 심지어 대형 교회인 사랑의 교회의 공식적인 표어는 '하나님은 사랑이시라'이다. 하지만 하나님을 사랑하고자 하는 감정을 우리 안에서 전혀 느끼지 못한다는 것이 크리스천의 솔직한 고백이다.

연인끼리의 사랑이나 부모의 자식 사랑, 친구 사이의 우정 등은 구체적으로 느낄 수 있지만, 눈에 보이지 않고 실체가 없는 하나님을 어떻게 사랑해야 하는가? 그 해답은 성경에 나와 있다. 하나님의 정의는 요한복음 1장 1절에 나와 있다. "태초에 말씀이 계시니라 이 말씀이 하나님과 함께 계셨으니 이 말씀은 곧 하나님이시라." 말씀이 곧 하나님이시기 때문에 그 계명을 지킬 때 우리는 하나님의 사랑의 실체를 느낄 수 있다.

"우리가 하나님을 사랑하고 그의 계명들을 지킬 때에 이로써 우리가 하나님의 자녀를 사랑하는 줄을 아느니라(요1 5:2)."

데카르트는 '나는 생각한다. 고로 나는 존재한다'라고 말했다. 오늘날 컴퓨터 시대에는 '나는 접속한다. 고로 나는 소통

리더의 아침을 깨우는 인문학 산책

한다'라는 명제로 바뀌게 되었다. 그렇다면 크리스천은 '나는 존재한다. 고로 나는 사랑한다'라는 명제를 가져야 한다.

4. 주인에 대한 진돗개의 충성과
   매의 비교할 수 없는 시력

아프리카 선교에 평생 헌신했던 리빙스턴은 30여 차례 질병에 걸리고 왼팔은 사자에게 물려 절단되었다. 그가 겪은 수많은 시련과 고난 가운데 그에게 위안을 준 성경의 말씀은 "내가 세상 끝 날까지 너희와 함께 있으리라"라는 말씀이다. 리빙스턴은 이 말씀에 모든 것을 걸었으며, 이 말씀은 결코 그의 기대와 확신을 버리지 않았다고 한다.

진돗개는 천연기념물 53호다. 진돗개는 주인에 대한 충성심과 용맹으로 보면 최고 수준의 개다. 그러나 군대와 경찰에서 군견이나 경찰견은 진돗개가 아니고 세퍼드다. 그 이유는, 세퍼드는 주인이 바뀌어도 3일 만에 새 주인과 친해지고 새 주인을 섬기지만 진돗개는 처음 주인을 절대로 바꾸지 않기 때문이다.

리더의 아침을 깨우는 인문학 산책

진돗개

군대나 경찰에서는 수시로 담당자가 바뀌게 된다. 진돗개는 주인에 대한 충성심 때문에 비록 군견이나 경찰견으로는 사용될 수 없지만, 천연기념물로 높임을 받는다. 주인에 대한 진돗개의 충성과 같이 우리가 영원한 주인이신 하나님과의 관계를 정립한다면 하나님께서는 우리에게 3박자 축복을 약속하신다. 요한3서 1장 2절에서 "사랑하는 자여 네 영혼이 잘됨같이 범사에 잘되고 강건한" 축복을 약속한다.

매

　세상에서 가장 시력이 좋은 동물은 매다. 시력이 3.0~5.0에 이른다. 인간의 시세포 수가 1㎟당 20만 개인데 비해 매는 100만 개이다. 그리고 매의 머리에서는 눈이 차지하는 면적이 가장 크다. 또한 눈 밑에 검은 무늬의 반점이 있어서 눈부심 방지 효과를 가지고 있다. 마치 야구선수가 눈 밑에 검은색을 칠해서 눈부심을 방지하여 공을 정확히 볼 수 있도록 하는 원리와 같다.

　인간은 5m 앞의 물체를 자세히 볼 수 있지만, 매는 20m 밖의 사물을 정확히 관찰할 수 있다. 높은 하늘을 떠다니다가 땅에 있는 토끼나 다람쥐를 정확히 포착한 후 목표를 향하여 총 알같이 직선으로 떨어지듯 날아 먹이를 낚아채간다.

세상의 많은 종족 가운데 가장 시력이 좋은 민족은 몽골 사 람이며 몽골 사람들의 평균 시력은 2.9라고 한다. 항상 먼 지 평선을 바라보며 한평생을 지내기 때문에 시력이 월등하게 좋 다는 것이다. 몽골 사람들은 맑은 날 대개 거리상으로 1㎞ 이 상 멀리 떨어져 있는 지평선상에 사람이 나타난 것을 알아본 다고 한다.

그런데 그 사람이 누구인지를 정확히 알아볼 만큼 시력이 좋은 자도 있다고 한다. 가까운 것만 보고 먼 곳을 보지 않으 면 시력은 나빠진다. 그래서 한참 책을 읽은 후에는 반드시 먼 산이나 장소를 바라보는 것이 필요하다.

악한 세대를 살아가고 있는 크리스천은 매의 시력으로 진리 의 허리띠를 매는 것이 필요하다. 지혜자의 마음을 가지고, 때 와 판단을 분변하며(전 8:5), 어리석은 변론과 족보 이야기와 분 쟁과 율법에 대한 다툼을 피하기 위해서는(딛 3:9) 매의 시력을 가져야 한다.

5. 지혜를 얻는 비결

20만 년 전 호모 사피엔스(Homo sapiens)가 등장했는데, 이들을 네안데르탈인이라고 부른다. 이들은 최초로 사람을 매장하는 습관을 가졌다. 매장 관습은 인간이 동물과 다르다는 것을 보여주는 중요한 기준이 된다. 현생 인류의 조상으로 분류되는 호모사피엔스 사피엔스(Homo sapiens sapiens)는 약 4만 년 전에 등장하였다.

이들은 크로마뇽인으로 불리는데 주로 동굴생활을 하며 바늘, 낚시, 작살 등 다양한 도구와 기구를 만들어 사용하였다. 크로마뇽인은 현대 인류의 조상이 되었지만, 네안데르탈인은 유럽에서 약 3만 년 전에 사라졌다. 고고학자들은 네안데르탈인이 멸종된 원인 중 하나로 바늘을 사용하지 못했다는 점을 지적하고 있다.

유럽에 빙하기가 닥치자 크로마뇽인은 바늘을 이용해 가죽옷을 지어 입었지만, 네안데르탈인은 옷을 만들어 입지 못하고 추위에 멸절되었을 것으로 추정한다. 바늘을 이용할 줄 아는 작은 지혜를 가진 크로마뇽인은 살아남았지만, 그렇지 못한 네안데르탈인은 같은 동물가죽으로 옷을 해 입었지만 바늘을 사용하지 못한 결과 추위를 효과적으로 막지 못했을 것이다.

오늘날은 IQ보다 EQ(감성지수)가 높은 사람이 성공한다고 한다. 그러나 IQ와 EQ보다 더 중요한 것은 FQ(Faith Quotient), 즉 믿음지수이다. "고운 것도 거짓되고 아름다운 것도 헛되나 오직 여호와를 경외하는 여자는 칭찬을 받을 것(잠 31:30)"이라고 한다. "너희는 먼저 그의 나라와 그의 의를 구하라 그리하면 이 모든 것을 너희에게 더하시리라(마 6:33)."

우리가 믿음지수 FQ를 높이면 하나님이 우리의 IQ와 EQ를 높여주신다는 말씀이다. 세상에서는 지혜의 시대가 도래했다고 하지만 성경에서는 이미 지혜를 얻는 비결을 잠언에서 보여주고 있다. 잠언 9장 10절에 "여호와를 경외하는 것이 지혜의 근본이요 거룩하신 이를 아는 것이 명철"이라고 한다.

시편 127장 1절을 잘못 이해하는 경우가 있다. "여호와께서 집을 세우지 아니하시면 세우는 자의 수고가 헛되며 여호와께서 성을 지키지 아니하시면 파수꾼의 경성함이 허사로다." 하나님이 도와주시지 않으면 인간의 힘으로 애쓴다고 해서 이루어지지 않는다는 의미이다.

그러나 분명히 인간이 할 일과 하나님이 도와주실 일이 구분되어 있다. 집을 세우고 성을 지키는 일은 하나님의 일이지만, 목수가 집을 짓고 파수꾼이 깨어 있는 일은 엄연히 인간이 할 일이다. 500×0=0이지만 500×1=500이 된다. 내일 시험인데 공부는 안 하고 밤새도록 기도하면 어떻게 될까. 당연히 F학점이 된다. 우리가 할 일을 힘써 다하고 하나님께 기도할 때 하나님께서 지혜를 주신다.

누에의 길이는 8㎝에 불과하지만 그 몸에서 나오는 명주실은 1,000m가 넘는다. 자신의 몸의 약 2천 배가 넘는 실을 몸에 품고 있다. 그리스도인의 능력도 이와 같다. 우리 자신의 능력은 보잘것없지만 하나님이 능력을 주시면 놀라운 일을 할 수 있다. 인간은 뇌세포의 2%도 채 못 쓰고 죽는다고 한다. "내게 능력 주시는 자 안에서 내가 모든 것을 할 수 있느니라(빌 4:13)."

지혜의 왕 솔로몬

솔로몬 왕의 지혜를 시험하기 위해 왕 앞에서 수수께끼를 냈다. "한 남자에게 아들이 있었는데 이 남자는 이 아들의 아버지인 동시에 할아버지가 되고, 한 여자에게 한 아들이 있었는데 이 여자는 이 아들의 어머니가 되는 동시에 할머니가 되었다. 이 사건이 무엇인가"라고 물었다. 솔로몬 왕은 하나님이 소돔과 고모라를 불로 심판하실 때 롯과 두 딸이 도망하여 굴에 거하는 사건을 들었다. 그때 롯의 두 딸이 아비와 동침하여 각각 아들을 낳게 되었다. 큰딸의 아들은 이름을 모압이라 하고, 작은딸의 아들은 벤암미라고 하였는데, 오늘날 각각 모압 족속과 암몬 족속의 조상이 되었다. 즉 롯의 두 딸이 아버지와 동침하여 아들을 낳았으므로 롯은 아들들의 아버지인 동시에 할아버지가 되고, 두 딸들은 아들들의 어머니인 동시에 할머니가 되었다.

6. 우리의 쓸 것을 채우시는 하나님

미국은 아메리칸 드림(American dream)의 나라다. 누구나 노력하면 자신의 신분을 높일 수 있다는 의미다. 클로버(clover)는 토끼풀로 알려져 있는데, 세 잎이 난다. 그러나 돌연변이로 네 잎이 종종 발견된다. 미국인들은 네 잎을 건강, 돈, 사랑, 명예로 비유한다. 네잎클로버를 가진 사람은 다 가진 자로 여긴다.

그러나 이 네 가지를 다 가지고 태어난 사람은 거의 드물다. 그래서 행운을 얻기 위해 풀밭을 온통 뒤지고 다닌다. 사람들은 현실에서 네 가지를 가지려고 말과 생각과 행동을 전략적으로 바꾸며 노력한다. 그러나 한 가지 가장 중요한 것이 빠져 있다.

그것은 하나님에 대한 믿음이다. "너희 믿음대로 되리라(마 9:29)." 빌립보서 4장 19절에 의하면 "나의 하나님이 그리스도 예수 안에서 영광 가운데 그 풍성한 대로 너희 모든 쓸 것을 채우시리라"라고 말씀하신다. 우리가 주님께 온전히 헌신하는 삶을 살아간다면 필요한 모든 것을 더하신다고 신실하게 약속하신다.

세상의 책들은 한 저자가 적게는 수년 많게는 수십 년에 걸쳐 쓴 것이다. 괴테는 『파우스트』를 60여 년에 걸쳐 완성했다. 그러나 성경은 1,500여 년에 걸쳐 전혀 만난 적이 없는 40여 명의 저자들이 성령의 감동하심으로 쓴 책이다.

그러므로 성경을 잘 이해하려면 저자가 처음 영감을 받았던 그 감동으로 읽어야 한다. 그리스도의 구주되심(Saviour)은 주님되심(Lordship)과 영원히 연합되어 있다. 구주되심은 예수님이 우리의 죄를 지시고 십자가에서 죽으심을 믿는 것이고 주님되심은 그에게 순종하려는 마음의 다짐이다. 그리스도의 구주되심을 믿는 자가 그에게 순종하려는 의향이 없다면 그의 구원은 완전하지 못하다.

7. 성경말씀은 하나님의 다림줄(plumb line)

　서해에서 공군 전투기가 공중돌기 훈련을 하던 중 바다에 추락하는 사고가 발생했다. 공중돌기를 하다 보면 하늘도 푸르고 바다도 푸르기 때문에, 조종사가 계기판을 보지 않고 시각에 의존하게 되면 바다를 하늘로 착각하고 바다로 추락하게 된다. 그래서 조종사에게 반드시 시각에 의존하지 말고 계기판을 보고 전투기를 몰도록 철저히 훈련한다.

성경

그러나 일순간 시각에 의존하게 되면 엄청난 재앙에 직면하게 된다. 우리의 신앙생활도 마찬가지다. 성경이라는 계기판, 즉 다림줄(plumb line)에 의존하지 않고 오감과 감정에 의존해 행한다면 이단에 빠지거나 크게 잘못된다.

"모든 성경은 하나님의 감동으로 된 것으로 교훈과 책망과 바르게 함과 의로 교육하기에 유익하다(딤후 3:16)." 하나님은 우리에게 이와 같은 다림줄, 즉 성경을 주셨다. "또 내게 보이신 것이 이러하니라 다림줄을 띄우고 쌓은 담 곁에 주께서 손에 다림줄을 잡고 서셨더니(아 7:7)."

벽돌을 쌓을 때 벽돌이 삐뚤어지지 않도록 추를 매단 다림줄을 이용한다. 하나님의 다림줄은 성경이다. 우리의 생각과 행동이 성경을 벗어나지 않도록 하는 것이 바로 다림줄의 역할이다.

『조선왕조실록』에서 가장 많이 인용된 인물은 송시열이며 약 3,000번 이상 거론되고 있다. 조선 후기 정치에서 큰 명성을 떨쳤고 수많은 제자들을 배출한 우암 송시열은 조선 후기를 대표하는 인물로 꼽힌다.

성경에서 가장 많이 거론된 인물은 다윗이다. 구약에서 600번, 신약에서 60번 거론되고 있다. 성경에 나오는 다윗과 관련된 이야기 속에는 단 한번의 기적도 일어나지 않는다. 그러나 하나님이 다윗과 함께하시며, 비록 침묵하고 숨어 계시지만 그 모든 세세한 사건 속에 현존하고 계신다는 사실은 의심의 여지가 없다.

8. 성경 기록은 과학적일까?

하나님의 말씀인 성경이 신화이며 과학적이지 못하다고 말하는 사람들이 있다. 그러나 성경이 일점일획도 틀리지 않으며 흠이 없음을 증명할 수 있다. "주의 말씀이 심히 순수하므로 주의 종이 이를 사랑하나이다(시 119:140)."

NASA 과학자가 우주탐사 궤도를 분석하기 위해 날짜를 계산하던 중 거의 10만 년 동안 **정확히 '하루'가 세계 역사 속에서 실종되었다는 사실을 발견했다.** 그 원인을 찾지 못하면 당시 숙원과제였던 달 착륙을 실현할 수 없었다.

한 크리스천 과학자가 성경의 여호수아 10장 12~14절에 나와 있는 여호수아의 기도를 제시했다. 여호수아가 이스라엘 군대를 이끌고 아모리인과 전투하는 과정에서 완승을 거두기 위하여 태양을 멈추게 해달라는 기도를 하나님께 드린 기록이었다.

"태양아 너는 기브온 위에 머무르라 달아 너도 아얄론 골짜기에 그리할지어다. 태양이 머물고 달이 그치기를 백성이 그 대적에게 원수를 갚도록 하였느니라"고 기록되어 있다. 그날 하루 종일 해가 중천에 떠 있었는데 태양이 머문 시간이 23시간 20분이었다.

이를 컴퓨터에 입력하여 오차를 수정했다. 그러나 나머지 40분이 남아 있었다. 성경을 다시 연구한 결과 열왕기하에 히스기야 왕의 수명이 15년 연장된 사건이 나타났다. 히스기야 왕이 중병에 들어 죽게 되었을 때 통곡과 눈물로 기도하여 하나님께서 응답하시고, 건강을 회복시킨 일이 성경에 나와 있다. 그 징조로서 아하스의 일영표를 뒤로 10도 물러가게 하셨다. 360도 원으로 만들어진 해시계에서 10도는 40분에 해당하는 시간이다.

이를 입력하여 수정하자 컴퓨터가 정상적으로 작동하게 되었다. 성경 여호수아의 23시간 20분과 히스기야 왕의 40분을 합하면 하루 24시간이 된다. 하나님의 말씀은 일점일획도 틀림이 없다.

인문학 깨우기

하루에 일할 수 있는 시간을 12시간에서 24시간으로 연장시킨 두 역사적 사건이 있다. 첫째는 우리나라 최초로 도입된 백열 점등식이 그것이다. 백열등이 켜지는 순간 이때까지 해 뜨면 일하고 해 지면 휴식을 취하는, 수천 년 동안 내려온 생활습관이 바뀌게 되었다. 둘째는 커피의 발견이었다. 커피는 나른함과 피곤함을 해소함으로써 하루 노동시간을 두 배로 증가시켰다.

한국에서 미국으로 갈 때 제트기류가 항공기 뒤쪽에서 밀어주므로 비행기가 순풍(tail wind)에 돛 단 듯이 날아간다. 반대로 미국에서 한국으로 올 때는 바람의 저항을 받으며 역풍(head wind)을 헤치고 비행해야 한다. 그 결과 한국에서 미국으로 갈 때의 비행시간이 올 때보다 두 시간 정도 적게 걸린다. 항공사는 연료가 적게 들고 시간이 절약되는 순풍을 좋아한다. 인생의 삶에서도 누구나 순풍만 있기를 원하고 역풍을 두려워한다. 그러나 성경은 역풍을 두려워 말고 당당히 맞서라고 교훈하고 있다.

융은 "젊은이가 그의 욕구를 외부세계에서 발견하려 했다면 인생의 오후에 접어든 사람은 자기 자신 안에서 그것을 찾아내야 한다"라고 말했다. 은퇴가 닥쳤을 때 우리는 이 내면의 창고를 더욱 풍요롭게 준비해두어야 한다. 노년은 지나온 삶의 나날을 총체적이며 통합적으로 완성해나가는 시기다. 레이건은 75세 생일을 맞이했을 때 다음과 같은 위트를 날렸다. "오늘 저는 75세가 되었습니다만 잊지 마세요. 그건 섭씨로 24세입니다." 화씨로 75는 섭씨로 바꾸면 24가 된다. 인생의 전반부는 역량을 위해서 엑셀을 밟는 시기라고 한다면 삶의 후반부에서는 브레이크를 지그시 누르며 살아가는 지혜가 필요하다.

1. 닥터 지바고, '티나와 예브그라프 대화'

러시아 작가 파스테르나크는 그의 소설 『닥터 지바고』로 1958년에 노벨문학상을 받았다. 그 마지막 장면은 감동적이다. 지바고의 이복형으로서 나중에 소련군 장군이 된 예브그라프는 타냐에게 물었다.

"너는 어떻게 아버지와 헤어지게 되었어?" 타냐는 언짢은 듯 내뱉었다. "혁명 중에 길거리는 불바다가 되고 군중들의 요란한 소리로 어수선한 가운데 아버지와 헤어졌어요"라고 말했다. 그런데 장군은 다시 물었다. "정말 아버지와 어떻게 헤어졌어? 솔직히 말해보렴." 타냐는 대답했다. "사실 아버지가 내 손을 놓고 빨리 달려가셨기 때문에 아버지를 놓치고 말았어요"라고 말했다.

닥터 지바고

이 말을 들은 장군은 "내가 사실을 말해주마. 네 손을 놓고 도망친 로마노프는 사실 너의 친아버지가 아니란다. 너의 아버지는 닥터 지바고야. 만일 그가 네 친아버지라면 불바다 속에서도 결코 네 손을 놓지 않았을 거야. 죽음을 무릅쓰고서라도 너를 안고 뛰어갔겠지"라고 말했다.

타냐는 로마노프가 자기 아버지가 아니고 다른 사람이 자기 아버지라는 것을 깨닫게 된다. 진짜 아버지라면 불구덩이 속에서 자식을 버려두고 혼자 도망갈 아버지가 어디에 있는가.

하나님은 우리의 진짜 아버지이시다. 그렇기 때문에 우리가 역경과 환난에 처했을 때 늘 함께하신다는 위로의 말씀을 성경 여러 군데에서 기록하고 있다. 하나님은 비유로 말씀하시기를 즐기신다. "여호와께서 그를 황무지에서, 짐승의 부르짖는 광야에서 만나시고 호위하시며 보호하시며 자기 눈동자같이 지키셨도다(신 32:10)." 우리를 보호하시되 하나님 자신의 눈동자처럼 지키신다는 말씀이다.

또한 하나님이 우리를 사랑하시는 정도를 다음과 같이 비유로 말씀하신다. "여인이 어찌 그 젖 먹는 자식을 잊겠으며 자기 태에서 난 아들을 긍휼히 여기지 않겠느냐 그들은 혹시 잊을지라도 나는 너를 잊지 아니할 것이라(사 49:15)." 여인이 친자식을 잊지 않는 것보다 더 우리를 지키신다는 이 말씀이야말로 가장 큰 위로의 말씀이 아니겠는가.

"암탉이 그 새끼를 날개 아래 모음같이 내가 네 자녀를 모으려 한 일이 몇 번이냐(마 23:37; 눅 13:34)." 이번에는 하나님과 우리의 관계를 암탉과 병아리의 관계로 묘사하고 있다. 독수리와 사나운 들짐승의 공격으로부터 목숨을 내놓고 병아리를 지키는 암탉과 같이 우리를 지키신다는 말씀이다.

「모래 위의 발자국」이라는 시가 있다. 꿈속에서 주님과 함께 바닷가를 거닐고 있었다. 지나온 세월을 뒤돌아보니 주님의 발자국과 나의 발자국 네 개가 또렷이 모래 위에 새겨져 있었다. 그런데 어느 순간 네 개의 발자국 중 두개가 없어지고 두 개만 남아 있었다. 그 순간은 내가 가장 큰 고통 속에서 헤매고 있었던 시기였다.

주님께 질문했다. "어느 때보다도 주님이 필요했던 바로 그때 주님은 어디에 계셨나요?" 주님은 대답하셨다. "사랑하는 나의 아들아! 네가 시련과 고통을 당하고 있었을 때 나는 한번도 네 곁을 떠난 적이 없었느니라. 내가 너를 안고 뛰었느니라." 하나님은 위기 상황에서 결코 우리를 고아처럼 버려두지 않으신다.

2. 커피 출현과 문화

베토벤은 19세기 초 유리로 만든 커피 추출기로 직접 커피를 내려 마셨다. 아침에는 60알의 원두를 갈아서 만든 커피를 마셨고, 귀가 멀면서 고립된 후에는 커피를 벗 삼아 영혼을 달랬다. 독일 철학자 칸트는 커피에 관해서는 인내심을 발휘하지 못하고 하인을 재촉했다. 탈레랑은 "커피는 악마와 같이 검고, 지옥과 같이 뜨겁고, 천사와 같이 순수하고 키스처럼 달콤하다"라고 평했다.

커피열매

리더의 아침을 깨우는 인문학 산책

하루에 일할 수 있는 시간을 12시간에서 24시간으로 연장시킨 두 역사적 사건이 있다.

첫째는 우리나라 최초로 도입된 백열 점등식이 그것이다. 1887년 3월 6일 저녁 경복궁 내 건청궁에서 최초로 백열등을 켜는 의식이 거행되었다. 백열등이 켜지는 순간 이때까지 해 뜨면 일하고 해 지면 휴식을 취하는, 수천 년 동안 내려온 생활습관이 바뀌게 되었다. 하루에 일할 수 있는 시간이 24시간으로 연장되는 역사적인 순간이었다.

둘째는 커피의 발견이었다. 인간의 노동시간이 이론상으로는 12시간에서 24시간으로 확대되었다. 커피의 발견은 인간 뇌의 능력과 활동을 크게 중대시켰다. 커피가 없었던 수천 년 동안 사람들은 몸이 지치면 일을 끝내곤 했다. 나른함과 피곤함을 해소하는 방법은 잠을 청하는 것 외는 없었다. 그런데 잠을 자고 난 후 일을 재개하더라도 일의 능률은 오르지 않는다.

커피가 발견되기 전까지 인간에게 몸을 깨어 있게 하고 잠을 쫓아줄 순수한 자극제의 역할을 하는 식품이나 약물은 존재하지 않았다. 커피라는 자극제가 발견되기 전에는 고도의 정확함과 정밀한 측정이 필요한 작업을 수행하는 것은 특별한 의지력을 가진 소수의 사람들 몫이었다.

그런데 커피가 발견되고부터는 대다수 평범한 사람들도 자신의 뇌 속에 다재다능한 재능이 있음을 깨닫게 되었다. 커피는 영양소를 함유하고 있지는 않지만 노동자에게 활력을 제공하는 필수품이 되었고 급기야는 생활필수품의 반열에 오르게 되었다.

발자크의 비문은 비록 장난으로 쓰이긴 했지만, 커피가 생명을 단축하는 것으로 인식되기도 했다. 그의 무덤 비문에는 '그는 살았고 또한 3만 잔의 커피를 먹고 죽었노라'라고 기록되어 있다. 성취를 배가시키는 동시에 개인의 삶을 단축시킨다는 말로 여겨진다.

프랑스 사실주의 문학의 거장인 발자크는 커피 예찬가이다. 그의 커피 예찬은 이렇게 시작한다. "커피가 위장에 들어가면 아이디어는 전장에 뛰어든 육군 포병 부대원처럼 날렵하게 움직여 전투를 시작한다. 깃발이 바람에 펄럭이듯 기억은 힘차게 뛰어오른다. 비유법을 쓰는 기갑부대가 화약을 조달하면 무장한 논리의 포병이 뛰기 시작한다. 위트가 명사수의 자세로 일어서고 직유법이 글쓰기 투쟁을 시작한다." 발자크는 저녁 7시에 취침하고 새벽 1시에 일어나 아침 8시까지 미친 듯 몰입하여 글을 썼다. 아침식사로 삶은 계란 2개와 빵을 먹고 커피를 마신 후 9시부터 12시까지 글을 쓴다. 1시부터 6시까지 교정을 본다. 하루 60잔이 넘는 커피를 마시며 위대한 업적을 이루었다.

막 내린 커피의 첫 모금이 입에 닿는 순간 하루는 의미 있고 가치 있는 기회로 다가온다. 재탕한 커피 맛이 좋을 리 없다. 인생도 마찬가지다. 과거를 재탕하면 인생도 쓴맛만 날 뿐이다. 어느 커피점의 현수막에는 '인생은 짧으니 항상 깨어 있으라'라고 적혀 있었다.

볼테르는 하루 50잔의 커피를 마셨다고 한다. 커피가 그의 창조적 작업에 영향을 끼쳤을 것이다. 커피를 마시다 보면 균형을 쉽게 놓칠 수 있다. 그 이유는 간단하다. 커피를 마시면 기분이 좋아지고 일의 능률이 향상되니 점점 더 많이 마시고 싶어진다. 커피를 진정 즐긴다면 그로 인해 건강을 해치는 일이 없어야 한다.

커피를 지나치게 마시면 그때는 더 이상 즐거움이 아니다. '지나쳐서 좋은 것은 아무것도 없다'라는 그리스의 격언이나 '지나친 것은 미치지 못한 것과 같다(過猶不及)'라는 공자의 교훈이나 매한가지다.

에티오피아의 전설에 의하면 칼디라는 염소치기가 커피 콩을 처음 발견했다고 한다. 칼디가 기르던 염소들이 먹이를 찾아 헤매다가 낯선 나무에 달린 붉은 열매를 보고 씹어먹기 시작했다. 그런데 그 열매를 먹은 염소들의 행동이 이상했다. 흥분을 이기지 못하고 뒷발질을 해대기 시작했다. 염소들의 생기에 넘치는 행동을 본 칼디는 호기심에 끌려 직접 열매를 먹어 보았다.

곧이어 칼디도 생기가 넘쳐 노래를 부르고 춤을 추기 시작했다. 칼디는 이 신기한 열매에 대한 이야기를 한 수사에게 털어놓았고 이 소식은 근처 사원에까지 알려졌다. 수사들은 이 열매가 밤 수행 중 잠을 쫓아준다는 사실을 알고 매우 좋아했다.

에티오피아에서 처음, 우연히 인간의 삶에 들어온 커피는 오늘날 거대한 경제적·문화적 세력으로 자리 잡았다. 커피 산업은 세계 최대의 고용 인구를 자랑하는 산업으로 꼽힌다. 커피를 경작하고 제조하는 인구와 커피 산업에 종사하는 사람은 전 세계적으로 수백만에 이른다.

커피는 오일 다음으로 교역이 활발한 품목으로 꼽히며 제3세계 국가들의 주요 수출품이 되고 있다. 오늘날 커피를 만들고 마시는 기술은 음료의 차원을 훨씬 넘어서서 인생의 철학과 맥을 같이한다. 평온, 고용, 균형, 사색, 영감, 몰입 등 인간이 추구하는 가치가 커피잔 속에 들어있다고 해도 과언이 아니다. 이제 인간의 삶 가운데 커피는 없어서는 안 될 귀중한 자산으로 간주된다.

리더의 아침을 깨우는 인문학 산책

3. 무관심의 결과

홀로코스트

　우리는 히틀러의 유태인 학살, 자살폭탄 테러, 9·11 테러리스트의 공격, 암살 등 역사적으로 또는 현재 세계 도처에서 일어나는 반인도적인 폭력에 대해 무관심한 구경꾼이 되어버리고 자신의 일상적인 평화와 욕구만을 챙기는 것에 익숙해져 있다.

홀로코스트 생존자인 작가 엘리 비젤은 이렇게 말한다. "사랑의 반대는 증오가 아니라 무관심이다. 아름다움의 반대는 추악함이 아니라 무관심이다. 신앙의 반대는 이단이 아니라 무관심이다. 그리고 삶의 반대도 죽음이 아니라 무관심이다." 행동하지 않는 것은 단지 다른 사람이 고통받도록 내버려두는 행위일 뿐만 아니라 자신에게 고통을 주는 행위이기도 하다.

왜냐하면 무관심한 사람은 생명의 기운이 실제로 몸에서 빠져나가지 않았어도 이미 죽은 사람이기 때문이다. 조지 버나드 쇼는 "인간이 인간에게 저지를 수 있는 가장 나쁜 죄는 증오가 아니라 무관심이다"라고 말했다.

성경 마태복음 25장 42~46절에 보면 이웃이 고난 가운데 처했을 때 우리가 무관심하게 지나친 행동들을 나열하고 있다. 이러한 무관심이 가장 중요한 죄악임을 보여준다.

"내가 주릴 때에 너희가 먹을 것을 주지 아니하였고 목마를 때에 마시게 하지 아니하였고 나그네 되었을 때에 영접하지 아니하였고 벗었을 때에 옷 입히지 아니하였고 병들었을 때와 옥에 갇혔을 때에 돌아보지 아니하였느니라 하시니 저희도 대답하여 가로되 주여 우리가 어느 때에 주의 주리신 것이나 목마르신 것이나 나그네 되신 것이나 벗으신 것이나 병드신 것이나 옥에 갇히신 것을 보고 공양치 아니하더이까 이에 임금이 대답하여 가라사대 내가 진실로 너희에게 이르노니 이 지극히 작은 자 하나에게 하지 아니한 것이 곧 내게 하지 아니한 것이니라 하시리니 저희는 영벌에, 의인들은 영생에 들어가리라 하시니라."

4. 안나 카레니나의 법칙

러시아의 대문호 톨스토이의 소설 『안나 카레니나』에서 주인 공 안나 카레니나는 아름다운 외모에 밝은 성품을 갖춘 여성 이다. 그녀에게는 러시아 정계 최고의 정치가인 남편과 사랑스 러운 아들이 있었다. 남부러울 것 없는 그녀였지만, 마음 한구 석에 늘 공허함이 있었다.

안나 카레니나

리더의 아침을 깨우는 인문학 산책

그런 그녀는 위험한 사랑에 빠져 가족을 버리고 사랑을 택한다. 하지만 전 남편과의 이혼이 이루어지지 않고 애인과 다투는 횟수가 늘어나면서 좌절한 그녀는 기차역 승강장에서 다가오는 기차에 몸을 던져 생을 마감하고 만다. 행복할 수 있는 모든 조건을 갖춘 듯 보였지만, 채워지지 않는 마음 한구석의 공허함이 그녀를 불행으로 이끌었던 것이다.

소설 속 그녀의 상황은 '안나 카레니나 법칙'으로 이야기된다. 이 소설의 첫 구절은 이렇다. "행복한 가정은 서로 닮았지만 불행한 가정은 모두 저마다의 이유로 불행하다." 이것이 안나 카레니나 법칙이다. 결혼생활이 행복해지려면 수많은 요소들이 성공적이어야 한다는 것이다.

잘되는 집안은 다들 비슷하게 근심이 없고 건강하며 화목하지만, 안되는 집안은 애정이든 금전이든 자녀든 천차만별의, 한 가지 이상의 이유로 불행해진다는 말이다. 행복한 가정의 조건은 다양하다. 가족 구성원들이 큰 병 없이 건강하고, 애정과 우애가 있으며, 자녀가 속을 썩이지 않으며, 큰 부자는 아니더라도 금전적 고통 없이 가족 구성원 개개인이 자신의 삶을 행복하게 여긴다면 행복한 가정이라 말할 수 있다.

다시 말해 모든 조건이 탁월하지 않더라도 어느 정도 충족되면 행복한 가정은 만들어질 수 있다는 말이다. 반면에 가족 구성원 중 한 사람이 도박에 빠져 가산을 탕진했다거나, 부부 중 한 명이 바람을 피워 신뢰에 균열이 생겼다거나, 또 자식이 나쁜 성적을 비관해 우울증에 빠졌다거나, 가족 중 누군가 아프다면 그 가정은 불행해질 수 있다.

『총, 균, 쇠』로 유명한 진화생물학자 제레드 다이아몬드는 안나 카레니나 법칙을 좀 더 발전시킨다. 그는 "가축화할 수 있는 동물은 가축화에 필요한 모든 조건을 두루 갖추고 있지만, 가축화할 수 없는 동물은 그중 한 가지 이상을 충족시키지 못한다"라고 말했다.

성경에 "청함을 받은 자는 많되 택함을 입은 자는 적으니라(마 22:14)"라는 말씀은 여기에도 적용된다. "가축으로 길들여지도록 시도된 야생동물은 많으나 선택된 가축은 많지 않다."

다이아몬드는 안나 카레니나 법칙을 적용하여 148종에 달하는 지구상에 존재하는 포유류 중에서 인류가 가축으로 사육할 수 있는 종은 14종에 불과한 이유를 설명하고 있다. 14종은 양, 염소, 소, 말, 낙타, 야크, 돼지, 개, 당나귀, 순록 등이다. 어떤 조건 때문에 야생동물이었던 이들은 가축화되었고, 또 다른 야생동물들은 사람들의 피나는 노력에도 불구하고 왜 가축이 되지 않았을까?

야생 후보종이 가축화되기 위해서는 다음의 여섯 가지 특성을 다 갖추어야 한다. 그 가운데 단 한 가지라도 결여되면 가축화에 실패한다.

첫째, 동물의 식성이 너무 좋아서는 안 되고, 특정 먹이를 너무 선호해서도 안 된다. 동물이 먹을 것을 사람들이 구하기가 어렵기 때문이다.

둘째, 가축은 빨리 성장해야 사육할 가치가 있다. 예를 들어 고릴라는 성장에 오랜 시간이 필요한 동물이어서 가축이 되지 못했다.

셋째, 가축은 야생 상태가 아니라 감금 상태에서도 번식을 잘할 수 있어야 한다. 따라서 치타와 같은 동물은 가축으로 사육하는 데 적합하지 못하다.

넷째, 사자, 호랑이, 회색곰과 같이 사람을 해칠 정도로 너무 포악해서도 안 된다.

다섯째, 가젤처럼 인간에 대해 너무 겁을 먹어 민감해하는 동물은 사람과 어울려 살 수 없다. 한때 얼룩말을 가축화해서 수레를 끌게 했다. 런던 시내에 얼룩말이 쓰는 수레가 등장했던 적이 있었다. 그러나 얼룩말은 나이가 들면서 걷잡을 수 없는 위험한 성질을 부렸다. 결국 가축화에 실패했다.

여섯째, 소나 양 등과 같이 같은 동물끼리 위계적 질서를 지키고, 서로 무리지어 다닐 수 있어야 한다. 즉 동물도 사회성이 있어야 가축이 될 수 있는 것이다. 이처럼 여섯 가지 조건을 모두 충족시켜야 가축이 될 수 있고, 그중 하나라도 충족되지 않으면 야생동물로 살아갈 수밖에 없다.

우리 몸도 마찬가지다. 몸이 건강하려면 여러 영양소를 고루 갖춰야 한다. 단백질과 지방질, 탄수화물, 비타민 등 영양소를 많이 섭취하더라도 미량의 특정 영양소 한두 개가 부족하면 그 하나 때문에 인체의 균형이 깨지고, 건강에 문제가 생긴다.

예를 들면 비타민 A가 부족하면 야맹증에 걸리고 비타민 C가 부족하면 괴혈병에 걸리며, 비타민 D가 부족하면 골다공증에 걸린다. 이는 1843년 독일의 생물학자인 리비히가 '식물의 생산량은 가장 소량으로 존재하는 무기성분에 의해 지배받는다'라고 주장한 최소량의 법칙과도 통하는 이야기다.

리더의 아침을 깨우는 인문학 산책

5. 순풍과 역풍

한국에서 미국으로 가는 데 걸리는 비행시간과 미국에서 한국으로 오는 데 걸리는 비행시간은 두 시간 정도 차이가 난다. 같은 경로로 오고 가는데 시간차가 생기는 이유는 제트기류 때문이다. 제트기류는 비행기가 다니는 지상 1만㎞의 대기권에서 형성되는 강한 바람대를 말한다.

이러한 제트기류가 편서풍을 만나면 바람의 속도는 가속도가 붙어 시속 250㎞가 넘는다. 한국에서 미국으로 갈 때 제트기류가 항공기 뒤쪽에서 비행기를 밀어주므로 순풍(tail wind)에 돛 단 듯이 날아간다. 반대로 미국에서 한국으로 올 때는 바람의 저항을 받으며 역풍(head wind)을 헤치고 비행해야 한다.

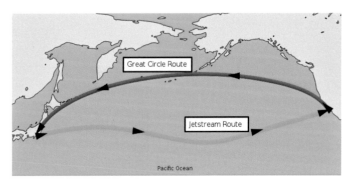

제트기류

결국 한국에서 미국으로 갈 때의 비행시간이 미국에서 한국으로 올 때보다 두 시간 정도 적게 걸린다. 항공사는 연료가 적게 들고 시간이 절약되는 순풍을 좋아한다. 역풍을 피하기 위해 편서풍을 우회하여 알래스카로 돌아오기도 한다.

인생의 삶에서도 누구나 순풍만 있기를 원하고 역풍을 두려워한다. 그러나 성경은 역풍을 두려워 말고 당당히 맞서라고 교훈하고 있다. 종소리를 더 멀리 보내기 위해서는 종은 더 큰 아픔을 견뎌야 한다.

고난은 변장된 축복이라고 한다. 인생에서 역경을 만났을 때 그것이 우리에게 유익이 되고 그를 통해 하나님의 법도를 깨닫게 된다고 말씀하신다.

"고난당한 것이 내게 유익이라 이로 인하여 내가 주의 율례를 배우게 되었나이다(시 119:71)." "고난당하기 전에는 내가 그릇 행하였더니 이제는 주의 말씀을 지키나이다(시 119:67)."

6. 비타민 C와 레몬 과일즙

비타민 C가 풍부한 레몬

　1747년 영국의 해군 군의관인 제임스 린드는 병사들과 항해 중 폭풍우를 만나 섬에 표류하게 되었다. 병사들이 괴혈병에 걸려 죽게 되었다. 원주민이 레몬 과일즙을 짜서 먹이자 생기를 찾게 되었다. 그 후 먼 곳을 항해할 때 레몬을 잔뜩 싣고 항해를 하게 되자 한 명도 죽지 않았다.

괴혈병을 치료하는 요인이 비타민 C라는 사실과, 인간은 스스로 생명 유지에 필수적인 비타민 C를 만들지 못한다는 사실을 깨닫게 되었다. 인간이 처음 창조되었을 때는 스스로 비타민 C를 만들 수 있었지만, 어느 순간부터 합성 능력을 상실하게 되었다.

과학자들의 방위원소 추적 결과에 의하면, 약 5천 년 전에 그 유전자를 잃게 된 것으로 추정하고 있다. 노아 홍수 사건 후 일어난 바벨탑 사건으로 하나님은 인간에 대한 두 가지 징계를 하셨는데 하나는 사람들의 언어를 다르게 하신 것이고, 다른 하나는 비타민 C를 간 속에서 스스로 합성하는 능력을 상실하게 한 것이다.

비타민 C는 자기 스스로 산화되어 유해산소 물질을 제거하는 항산화제의 역할을 한다. 항산화제가 부족하면 생명을 잃게 된다. 비타민 C는 A, D, E, K가 지용성인데 비해 수용성이므로 인체 내에 쉽게 흡수되고 독성이 없어 부작용이 없다.

소, 말, 개 등의 동물은 비타민 C를 스스로 만들어내기 때문에 비타민 C를 따로 섭취할 필요가 없다. 소는 마른 여물을 푹 삶아서 먹여도 겨울 내내 건강하게 지낼 수 있다. 즉, 삶은 여물 속에는 비타민 C가 다 파괴되고 없어도 소는 몸속에서 스스로 비타민 C를 생성해내기 때문에 문제될 게 없다.

　노아의 여덟 식구는 배 안에서 1년 17일, 즉 382일을 살았지만 한 명도 죽지 않았다. 괴혈병에 걸리지 않은 것은 그 당시 사람들은 인체 내에 스스로 비타민 C를 합성하는 기능을 가지고 있었다는 사실이다. 창조기 시대의 인간은 900세까지 살았는데 인간이 죄를 짓고 비타민 C를 합성하지 못하자 급격히 수명이 단축되었다.

리더의 아침을 깨우는 인문학 산책

7. 사람의 생각: 부정적인 경향

한 심리학자의 연구에 의하면 영어 단어 가운데 감정을 나타내는 단어는 총 558개인데 그중 62%가 부정적인 단어이고, 긍정적인 단어는 38%에 불과했다고 한다.

인간은 기본적으로 긍정적인 성향보다는 부정적인 경향에 빠질 확률이 월등히 높다. 또한 인간의 행동과 인지에 있어서도 긍정적인 기질보다는 부정적인 것에 집착하는 성향이 높다는 실험 결과가 나왔다.

실험A	사람들은 좋은 사진보다는 나쁜 사진을 더 오랫동안 바라본다.
실험B	이웃을 평가할 때 그 사람의 좋은 점보다는 나쁜 점에 더 집착하고 주의를 기울이는 경향이 있다.

인간은 태어나는 순간부터 기쁨과 즐거움의 감정을 표출하는 빈도보다는 단순한 흥분에서 시작하여 불쾌함, 노여움, 혐오, 두려움, 질투의 감정을 더 많이 드러낸다고 한다. 성인이

되면 희로애락의 감정을 느끼게 되고, 그밖에 생리적, 심리적, 사회적, 문화적 요인 등에 의해 다양한 감정을 표출한다.

감정 상태가 어디에 얼마만큼 오래 머무느냐에 따라 인간관계에 영향을 미친다. 개인의 창의적인 능력과 성과에도 지대한 영향을 미친다.

우리의 생각과 감정은 통제가 어렵다. 우리가 원치 않아도 저절로 떠오른다. 특히 부정적인 생각은 긍정적인 생각보다 더 자주 떠오른다. 이는 아침에 종소리가 울려 퍼질 때 그 소리를 듣지 않겠다고 다짐해도 소용없는 것과 같다.

감정 상태를 부정적인 면과 긍정적인 면으로 나누어 래리 센 (Larry Senn) 박사는 감정 엘리베이터 모형을 개발했다. 18층 높이의 건물에는 각 층마다 각기 다른 감정이 살고 있다. 1층부터 9층까지 저층에는 우울함과 조바심 등 부정적인 감정들이 머무르고 있고, 10층부터 18층까지 고층에는 호기심과 감사함 등 긍정적인 감정들이 살고 있다.

감정 엘리베이터

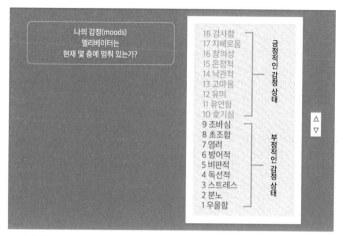

나의 감정(moods)
엘리베이터는
현재 몇 층에 멈춰 있는가?

18 감사함
17 지혜로움
16 창의성
15 온정적
14 낙관적
13 고마움
12 유머
11 유연함
10 호기심

긍정적인 감정 상태

9 조바심
8 초조함
7 염려
6 방어적
5 비판적
4 독선적
3 스트레스
2 분노
1 우울함

부정적인 감정 상태

래리 센(Larry senn) 박사가 고안한 감정 엘리베이터 모형. 높은 층이 좋다는 가정이다

인간의 감정 상태는 수시로 변한다. 지금 우리의 감정 상태는 어느 층에 있는지 점검해 보자. 예컨대 다른 사람을 비판하고 있다면 5층에 있는 셈이다. 비판은 집비둘기와 같아서 반드시 자기 집으로 돌아온다. 즉시 엘리베이터를 상위층으로 이동시키자.

매순간 감정 상태를 체크한 후 9층 이하의 부정적인 감정 상태에 있다면 엘리베이터를 고층으로 이동하여 긍정적인 마음 상태를 가지자. 언제나 감정 상태가 10층 이상의 고층에 머물러 있다면 그 사람의 감정 상태는 건강하며, 긍정적인 에너지가 창의적인 아이디어로 바뀌어 생산적인 일에서 성과를 낼 확률이 높다.

우리가 긍정적인 감정 상태를 유지하는 것은 하나님(성경)의 뜻이다. 성경은 항상 기뻐하고, 남을 나보다 낮게 여기며 감사하는 마음 상태를 유지하라고 권고한다. "항상 기뻐하라(살전 5:16)." "아무 일에든지 다툼이나 허영으로 하지 말고 오직 겸손한 마음으로 각각 자기보다 남을 낮게 여기고(빌 2:3)." "범사에 감사하라 이것이 그리스도 예수 안에서 너희를 향하신 하나님의 뜻이니라(살전 5:18)."

8. 교만은 패망의 선봉

나사(NASA)의 우주선에는 저 나름대로 독특한 이름이 붙어 있다. 아폴로(Apollo, 태양신), 스피릿트(Spirit, 영혼), 제미니(Gemini, 쌍둥이자리), 파이어니어(Pioneer, 개척자), 보이저(Voyager, 여행자), 챌린저(Challenger, 도전자), 그리고 콜럼비아(Colombia, 콜럼버스에서 유래된 정복자란 의미)호 등이다.

이들 중 챌린저호와 콜럼비아호를 제외하고는 모두 성공적으로 우주비행을 마쳤다. 보이저호는 지금도 우주 가장 먼 곳으로 날아가고 있다.

왜 챌린저호와 콜럼비아호는 성공하지 못했을까? 1986년 1월 쏘아올린 **챌린저호는 발사 73초 만에 공중 폭발로 7명의 승무원이 전원 사망했다.** 이 폭발 사고로 미국의 우주방위 계획은 큰 타격을 입었다. 폭발 원인은 발사 당일 고드름이 얼 정도로 추운 날씨에 뻣뻣해져 제 역할을 하지 못한 '오링(O-ring)'이었다. 오링은 기계 부품 이음매에서 기체가 새지 않도록 하는 고무패킹이다.

    콜럼비아호는 1981년 처음으로 취항한 나사의 최초 우주왕복선으로, 1998년 각종 동물, 곤충과 함께 탑승하면서 노아의 방주라는 별명을 얻기도 했다.

    2003년 콜럼비아호는 외부 연료통에 액체수소와 산소를 채운 후 이륙하였고 우주진입에 성공했다. 그러나 임무를 마치고 지구로 귀환하는 도중 콜럼비아호는 발사 초기 떨어져나간 타일이 날개에 부딪치면서 구멍이 생겼다. 대기권 진입 시 온도감지기가 온도를 버티다 못해 타버리면서 작동을 멈춰 구조물이 녹아내리면서 공중에서 분해되었다.

우주왕복선 콜럼비아호

리더의 아침을 깨우는 인문학 산책

챌린저호와 콜럼비아호는 기술적 결함으로 재앙을 가져왔다. 아이러니하게도 '우주에 도전'한다거나 '우주를 정복'한다는 의미를 내포하고 있는 챌린저호와 콜럼비아호는 성공하지 못했다는 점을 발견할 수 있다.

엄홍길은 한국의 산악인으로서 세계에서 가장 높은 히말라야 8천m급 16좌 완등에 성공했다.

그는 산을 오르는 것에 대해 '정복'이라는 표현을 쓰지 말자고 했다. 산이 인간에게 정상을 잠시 빌려주는 것일 뿐, 사람이 어떻게 자연을 정복할 수 있느냐는 말이다.

자신이 높은 산에 올라간 것도 자연이 자신을 받아주었기 때문이라고 겸손하게 말했다. 성경에도 "교만은 패망의 선봉이요 거만한 마음은 넘어짐의 앞잡이니라(잠 16:18)"라고 말씀하고 있다.

9. 준비된 노년기, 품위 있게 살 수 있다

앙리부르는 "사람이 자신의 노년과 직면하는 모습은 사람에 따라 모두 다르다"고 말했다. 행복한 노인이 있는 가 하면, 불행 가운데 죽어가는 노인도 많다.

사회 전체가 젊은이들에게만 박자를 맞추어 바쁘고 긴박하게만 돌아간다면 그 사회는 병든 사회가 된다. 이런 사회에 익숙해져 있는 사람들은 시간을 들여 신중하게 생각하지 않고 사색하는 시간도 경시한다.

노년층의 제거는 마치 손발이 잘려나간 것같이 불행해질 수밖에 없다. 노부부가 벤치에 앉아서 시골의 들판을 바라본다. 둘 사이에는 별로 말이 없다. 철학자 구스도르프는 노부부의 침묵에 대해서 이렇게 말한다. "침묵은 말보다 웅변이라고 하지만 그것은 이제까지 이 노부부가 서로 주고받은 말이 있기 때문이다." 뒤마는 "자신이 나이드는 것을 지켜보는 여자는 결코 늙지 않는다"고 말했다. 곱게 나이든 여자에 대한 찬사다.

키에르케고르는 고뇌는 같이 나눌 수 없다고 말했다. 그러나 부부가 같이 살다가 혼자가 되었을 때 슬픔을 잘 이겨내는 것은 가장 친밀하게 결합된 부부간의 생전의 경험이 있었기 때문에 가능하다. 노인이 사회에 대해서 스스로 위축감을 갖게 되는 원인 중 하나는 자신의 모습이 아름답지 못하다고 느끼기 때문이다.

은퇴자는 두 부류로 구분된다. 양극 사이에 중간은 없다. 한 부류는 자신의 은퇴생활을 즐기면서 흥미 있는 방법으로 자신의 일을 발견하고 살아간다. 전혀 권태를 느끼지 않고 살아간다. 이런 노인은 친절하고 붙임성 있고 평화롭고 훌륭한 노인으로 남는다. 고통과 시련을 겪으면서도 더욱 평온한 경지로 성장해간다. 다른 사람들을 돕는 일에 기쁨을 누린다. 감사하고 책읽기와 산책을 즐기고 남의 말에 귀를 기울인다. 다른 한 편은 마치 고장 난 자동차처럼 인생의 원동력이었던 직업을 잃어버리게 되면 의기소침해져 체념하고 살아간다. 이기적이고 불만이 많고, 어떤 선의에도 오해를 잘하고 대화는 언제나 논쟁으로 바뀌며 권위만 내세우는 상대하기 어려운 노인이 된다.

아내는 남편이 직장에 나가 있는 수십 년 세월 동안 잘 정돈된 자신의 생활을 즐겨왔는데 남편이 무질서한 생활 태도로 자신의 공간을 침입해오는 것을 견디지 못하는 경우가 많다. 황혼이혼이 증가하는 것은 이런 이유에서다.

젊었을 때의 불평은 생명력의 표현일 수 있다. 그러나 노년에 쏟아내는 불평은 몸과 정신이 쇠약해진 데 원인이 있다. 미국 노년학회의 표어는 "인생에 나이를 더하지 말고 나이에 인생을 더하라"이다. 헛되이 나이를 먹지 말고 뭔가 보람 있는 일을 발견하고 그것에 매진하라는 메시지다. 사도 바울의 사상은 노년들에게 들려주는 귀중한 메시지다. "겉 사람은 후패하나 우리의 속은 날로 새롭도다(고후 4:16)."

노년은 육체가 쇠약해가기 때문에 분명 빼기(-)인생이다. 하지만 이것은 행동의 영역이지 정신과 마음의 영역은 아니다. 맥아더 장군은 "사람은 몇 해를 더 살았다고 해서 노인이 되는 것이 아니다. 자신의 이상을 포기했을 때 늙어버린다. 세월은 얼굴에 주름살을 주지만 이상을 버리면 마음속에 주름살이 잡힌다. 소심, 의심, 공포, 절망 등은 죽음에 앞서 먼저 파멸로 이끌고 우리를 먼지로 돌아가게 하는 적이다"라고 말했다. 호흡이 끊어지는 시점이 사망 순간이 아니라 우리 속에 비전과 목표가 사라진 순간이 사망 시점이 된다는 교훈이다. 그래서 '어떤 사람은 30세에 사망하고, 장례는 74세에 치른다'라는 말이 생겨났다. 나이가 들어도 활기차게 살 수 있다.

빼기 인생이 있다면 더하기 인생도 있다. 노년에 새로 발견하는 것은 지금까지 알지 못했던 새로운 인생이다. 인간은 죽

리더의 아침을 깨우는 인문학 산책

어야 할 존재가 아니라 죽어가고 있는 존재다. 두 실존주의 철학자가 있다. 하이데거는 죽음을 직면했고 사르트르는 죽음을 피하고 싶어 했다. 그리스도 사상은 하이데거에 가깝다.

인생에는 2대 전환점이 있는데, 유년기에서 성인기로 가는 때와 성인기에서 노년기로 넘어가는 시점이다. 전자는 자식을 낳는 일과 부의 축적과 사회적 지위를 확보하려는 목표를 가진다. 후자의 목표는 문화와 교양이다. 첫 번째의 전환이 성숙으로의 전진이라면 두 번째 전환은 새로운 실현을 향해 가는 전진이다. 나이드는 것을 두려워하는 것은 어린이 시절에서 벗어나지 않겠다는 것과 같다.

인생의 두 번째 전환점을 지나면 교양과 문화의 경지에 이르도록 노력하는 것이 바람직하다. 그렇다면 이러한 경지는 무엇을 말하는가? 우리는 젊은 시절 대학에서 교양을 배우지 않았던가? 그것은 사회와 전통과 학교에서 정규적인 지식으로 받아들인 문화이다.

노년기의 교양은 보다 인격적이고 사심이 없으며, 보다 독창적이며 발전적인 형태의 문화이다. 젊음의 시기에서는 생산성에 바탕을 두고, 노년에 이르러서는 명상적인 것에 다가간다. 그런데 젊을 때 높은 문화수준에 도전하고 넓은 교양의 지평을 열고자 한다면 대가를 지불해야한다.

무한경쟁 시대에 직장에서 열정을 가지고 일을 성공적으로 수행하기 위해서는 자신의 능력을 교양에 쏟을 여유와 시간이 없다. 그러나 노년기에는 오랜 세월을 직업 때문에 희생해왔던, 모든 사물에 대한 새로운 깨우침을 발견하게 된다. 서정주의 「국화꽃 옆에서」에 나오는 '내 누님같이 생긴 고난의 꽃'이 바로 노년기의 모습이 아닐까.

그립고 아쉬움에 마음 조이던

머언 먼 젊음의 뒤안길에서

이제는 돌아와 거울 앞에 선

내 누님같이 생긴 꽃이여

노년기의 깨달음은 보다 완전한 인간의 풍요로움을 위한 새로운 진전이다. 사회에서는 낙오되지 않으려고 본인의 재능을 다 쏟아붓게 된다. 직장에서 승진하여 높은 직위로 올라갈수록 책임이 커지고, 여가시간과 자유는 빼앗기게 된다. 인생의 수레바퀴는 쉬지 않고 돌고 돈다. 그러나 세월이 흐른 후 자아의 독자성을 발견하게 될 때 이전 사회의 모든 인위적인 환경에서 벗어나 자유로워질 수 있다.

리더의 아침을 깨우는 인문학 산책

융은 "이것이 바로 인격의 가치를 재발견하고 개인생활의 의미를 완벽하게 파악하는 것이 된다"라고 말했다. 첫 번째 전환점에서의 성패는 사랑과 직업의 성공 여부에 달려 있다. 두 번째 전환점에서는 성숙한 인격으로의 도약인데 은퇴를 성공적으로 만드는 시금석이 된다.

융은 "젊은이가 그의 욕구를 외부세계에서 발견하려 했다면 인생의 오후에 접어든 사람은 자기 자신 안에서 그것을 찾아내야 한다"라고 말했다. 은퇴가 닥쳤을 때 우리는 이 내면의 창고를 더욱 풍요롭게 준비해두어야 한다. 내면이 풍요로운 사람은 은퇴에서 오는 지루함을 이겨내며 은퇴의 진정한 의미를 알게 된다. 노년은 지나온 삶의 나날을 총체적이며 통합적으로 완성해나가는 시기다. 이런 관점에서 노화는 자아의 해체와는 정반대다.

레이건은 75세 생일을 맞이했을 때 다음과 같은 위트를 날렸다.

"오늘 저는 75세가 되었습니다만 잊지 마세요. 그건 섭씨로 24세입니다." 화씨로 75는 섭씨로 바꾸면 24가 된다[C=(F-32)/1.8, 그러므로 24=(75-32)/1.8].

인생의 전반부는 역량을 위해서 엑셀을 밟는 시기라고 한다면, 삶의 후반부에서는 브레이크를 지그시 누르며 살아가는 지혜가 필요하다.

참고문헌

- 흔적의 역사, 이기환 저, 책문, 2014.

- 장량, 위리 저, 김영문 역, 더봄, 2021.

- 거의 완벽에 가까운 사람들, 마이클 부스 저, 김경영 역, 글항아리, 2018.

- 스칸디나비아, 토니 그리피스 저, 차혁 역, 미래의창, 2006.

- 역사 길을 품다, 최기숙 외 저, 문학동네, 2007.

- 네이밍발상법, 요코이 게이코 저, 이재춘 역, 보보스, 2005.

- 최카피의 네이밍법칙, 최병광 저, 두엔비컨텐츠, 2005.

- 아웃라이어, 말콤 글래드웰 저, 노정태 역, 김영사, 2009.

- 300:29:1 하인리히 법칙, 김민주 저, 미래의창, 2014.

- 융, 중년을 말하다, 대릴 샤프 저, 류가미 역, 북북서, 2008.

- 세계사를 바꾼 13가지 식물, 이나가카 히데히로 저, 서수지 역, 사람과 나무사이, 2019.

- 제국의 태양 엘리자베스 1세, 앤 서머싯 저, 남경태 역, 들녘, 2005.

- 천하무적 세계사, 모토무라 료지 저, 서수지 역, 사람과 나무사이, 2019.

- 위대한 도전자 42인의 문제해결 법칙, 호에닉 크리스토퍼 저, 박영수 역, 예문, 2004.

- 혈통과 민족으로 보는 세계사, 우야마 다쿠에이 저, 전경아 역, 센시오, 2019.